外国人・特別支援児童生徒を教えるための リライト教材

通常の学級でも役立つ

国語教科書対応

編著
光元聰江・岡本淑明

改訂3版 増補版

ふくろう出版

はじめに

二〇〇六年に初版『外国人児童生徒を教えるためのリライト教材』を出版しました。初版は、外国人児童生徒の指導を目的に作りました。ところが、特別支援の必要な児童生徒にも役立つことが分かり、改訂版のタイトルには「特別支援」を加えました。特別支援の必要な子どもたちにも「リライト教材」によって相当学年の教科書の内容を理解してほしいと思ったからです。「言葉を学び、言葉を使って考え、表現し、見える世界を拡げる」とともに多くの友達とつながってほしいと願っています。

二〇一一年度に小学校国語教科書が改訂されました。そのため、二〇一二年に初版の改訂版を出版しましたが完売となり、二〇一六年に改訂二版として出版しました。

二〇二〇年度に小学校国語教科書が、二〇二一年度に中学校国語教科書が改訂されたため、本書の改訂三版増補版を出版することにしました。小学校・中学校の国語教科書の「リライト教材」を見直し、より充実させています。

「リライト教材」は、光元聰江が考案し、命名しました。また、「音読譜」は岡本淑明が考案し、命名しました。二人は、この本の編著者でもあります。

リライト教材とは、教科書の本文を子どもの発達段階に応じて、表現を分かりやすく書き換えた教材をいいます。音読譜とは、日本語の文章を音読しやすくするために、音調を視覚的に書き表したものをいいます。これは読解にも役立ちます。リライト教材作成にあたり大切にしたことは「表現はやさしく、内容は相当学年レベルで」ということです。したがって、この本の「リライト教材・音読譜」は、国語の教科書本文を子どもの内容理解に役立つように分かりやすい表現に書き換え、さらに、音読しやすいようにしてあります。

指導にあたっては「リライト教材・音読譜」の作成方法などを参考にしながら、子どもの日本語力に合わせて、リライト教材を調整して使ってください。

二〇二三年八月

著者一同

目次

はじめに

I 「リライト教材・音読譜」とはどんな教材か
1 「リライト教材・音読譜」の必要性 2
2 リライト教材について 3
3 音読譜について 4

II 本書の教材の使い方
1 各教材の構成 6
2 「リライト教材・音読譜」の日本語レベル 6
3 教材作成にあたって留意したこと 8
4 子どもの日本語力に合わせた教材調整の仕方 10
5 音読譜を指導に活かす 15

III 「リライト教材・音読譜」の作成について
1 リライト教材の種類と作成方法 18
2 音読譜の作成方法 21

Ⅳ 「リライト教材・音読譜」による教材

1 小学校の教材（光村図書）

1年 たぬきの糸車（物語） 24
2年 たんぽぽのちえ（説明文）・スイミー（物語）・お手紙（物語） 33
3年 三年とうげ（物語）・ありの行列（説明文）・モチモチの木（物語） 59
4年 アップとルーズで伝える（説明文）・一つの花（物語）・ごんぎつね（物語） 100
5年 古典（竹取物語・枕草子・平家物語・論語のことば）・想像力のスイッチを入れよう（説明文）・大造じいさんとガン（物語） 145
6年 やまなし（物語）・『鳥獣戯画』を読む（説明文）・海の命（物語）・平和のとりでを築く（説明文） 186

2 中学校の教材（光村図書）

1年 少年の日の思い出（小説） 244
2年 君は「最後の晩餐」を知っているか（評論）・レオナルド・ダ・ヴィンチ作「最後の晩餐」の新しさ（解説）・言葉の力（随筆） 273
3年 握手（小説） 310

あとがき 336

I 「リライト教材・音読譜」とはどんな教材か

1 「リライト教材・音読譜」の必要性

2 リライト教材について

3 音読譜について

Ⅰ　「リライト教材・音読譜」とはどんな教材か

1　「リライト教材・音読譜」の必要性

外国人児童生徒は、保護者の都合によって日本に入国し、母国と制度の異なる日本の学校へ編入学することになります。

日本語を解さない状態で学校生活を始める子どもたちにとって、日本語は生活や学習のための道具として、早急に獲得しなければならない必需品です。

教科の学習、特に国語科は、日本語への依存度が高く、指導が難しい状況になっています。しかし、国語の教材は様々な分野の内容を含んでおり、子どもの知的な興味を刺激し、学齢相当の思考をさせるにふさわしい教材です。

このような国語の教材を、何とか入国後の早い時期から子どもに理解させ、発達段階に応じた教育を、との願いから「リライト教材・音読譜」を開発しました。子どもの日本語力に対応させたリライト教材を作成することにより、様々な教科書教材を学習させ、多くの日本語を獲得させることができるのです。

特別支援の必要な児童生徒は、それぞれの子どもに個別の課題があり、その課題への適切な対応が求められています。子どもたちが、国語を通して多くの言葉を学び、考え、自分の思いを表明でき、友達とつながっていくことができます。

「リライト教材・音読譜」を使用することにより、特別支援の必要な子どもたちが、相当学年の教科書に対応した国語の学習をすることができます。もちろん、子どもの個別の課題によりリライト教材が使用できない場合もあります。しかし、多くの現場で使用され、子どもたちが「これなら分かる」と生き生きと学習する姿に、先生方は、子どもへの認識が変わってきています。近年は、特別支援学級等に多くの外国人児童生徒も在籍しており、リライト教材による対応の必要性は、ますます高まっています。

外国人児童生徒も特別支援の必要な児童生徒も通常／在籍学級の友達と同じ教科書の、同じ教材の内容が理解できることは、学習意欲の高揚につながっていきます。そして、リライト教材で、その教材の先行学習をしておくと、通常の学級で共に学習することも可能になります。「通常の学級で共に学び、お互いの存在を認め合う」、このことが「リライト教材・音読譜」のもつ教育的な価値です。

2　リライト教材について

リライト教材は、発達段階に応じた思考ができるよう、子どもの日本語力に対応させて、教科書本文を書き換えた教材です。ひらがなの読み書きがほぼできるようになれば、使用できます。

リライト教材には、六種類の作成方法があります（18ページ参照）。また、リライト教材で使用する語彙や表現の難易度の目安を示すために、二通りの日本語レベル（リライト1、リライト2）を設定しています（7ページ参照）。

リライト教材を作成する基本原則は、「表現はやさしく、内容は相当学年レベルで」ということです。そこで、子どもの日本語の力に合わせて、語彙や表現に気を配ると同時に、子どもの学年相当の学習内容が消えてしまわないよう配慮することが大切です。

特別支援学級等の児童生徒に関しては、「今、子どもは何ができるか、この教材でどんなことができるようにしたいか」を考えてリライト教材を作成します。通常学級の進度に合わせたリライト教材で学ぶことによって、学習意欲が高まります。そして、自分の思いを書いたり、自分の考えを話したりして、みんなとつながることができます。

インクルーシブな教育が求められる現在、すべての子どもたちに、学習への「参加」を保障したいと考えています。リライト教材は、その一助となると思います。そのためには、どのようなリライト教材を作成し、どんな指導上の工夫が必要かなどを、今後も模索していきます。

なお、この「リライト教材・音読譜」の作成方法は国語科以外の教科や様々な教育場面にも応用可能です。ぜひ挑戦してみてください。

3　音読譜について

音読譜は、日本語の文章を音声化するとき、どう読むかを視覚的に表そうとしたものです。音読譜の原型は、和歌（短歌）の行換え・分かち書きにヒントを得たものです。

日本文の音読は、特別な効果をねらわない限り、高く始めて低く終わるという形をとっています。文を意味なりに音読するとき、長い文では途中で息継ぎをします。すると、そこに短いポーズが生まれます。そして、ポーズの後では、人は声を立て直して（高くして）音読します。この声の立て直しを「転調」と呼ぶ人もいます。この声の立て直しは、短い文でも注意深く観察すれば行われています。また、息継ぎはしなくてもポーズはあります。そして、声の立て直しも、それぞれに合った高さで行われています。そこで、高低を明確にするために、縦書きにし、行の頭を左下がりにしました。

この教材集では、子どものための音読譜として文単位で行っています。しかし、段落単位で行うと意味がさらによく伝わると思います。その場合は、文頭の高さに変化をつけるため、より複雑なものになります。

II 本書の教材の使い方

1　各教材の構成

2　「リライト教材・音読譜」の日本語レベル

3　教材作成にあたって留意したこと

4　子どもの日本語力に合わせた教材調整の仕方

5　音読譜を指導に活かす

Ⅱ　本書の教材の使い方

1　各教材の構成

各リライト教材は、以下のような構成です。

＊「リライト教材・音読譜」による本文
＊先生方へ
　・国語の目標
　・日本語の目標
　・国語の授業用語

「国語の目標」「日本語の目標」では、やさしい学習目標から、かなり思考を要するものまで記述しています。この教材で学習する子どもの日本語力や学力には大きな幅があると考えられるからです。しかし、これはあくまでも**指導の際の目安**になればと考えて載せたものです。したがって、これを子どもの学習課題としてではなく、先生が子どもを指導する際のヒントにしてください。つまり、子どもの日本語力や思考力に配慮して参考程度に扱ってください。

また、**「国語の授業用語」**では、国語の授業や学習・テストの時などに必要となる用語や表現をあげています。これらの用語や表現は、国語学習の早い時期から少しずつ理解させていく必要があります。「リライト教材・音読譜」による指導と**並行して必ず教えてください。**

2　「リライト教材・音読譜」の日本語レベル

本書のリライト０・１・２は、それぞれ日本語表現のレベルを示しています。リライト１よりもリライト２の方が、国語の教科書本文の表現に近くなっています。

「リライト教材・音読譜」の日本語レベルごとの内容と対象とする子どもの教育的ニーズの水準

	教材	子ども
リライト0	・要旨やあらすじを、短くまとめる。 ・全文をひらがな書きにする。 ・日本語の音調に慣れ、文を声に出して読めるようにするためのもの。 ・教科の内容に入ることを目的としていない。	・先生の指示は、ほぼ分かるが、口頭での表現はあまりできない。 ・ひらがなの読み書きは、ほぼできる。
リライト1	・主述の関係等を明確にするために、主語を補っている。 ・接続表現や文末表現などの省略、言い換えをしている。 ・語彙は、動作化や視覚化できるものを使用している。 ・小学校一、二年の配当漢字を使用している。 ・文体は、敬体を使用している。	・会話がある程度でき、知っている言葉を使って話せる。 ・簡単な文が分かる。
リライト2	・リライト1に比べて、教科書の表現に、より近づけている。 ・語彙は、口頭で説明すれば理解できるものを使用している。 ・漢字は、学年相当の漢字を使用している。 ・文体は、教科書と一致させている。	・日常会話がほぼ支障なくできる。 ・やや長い文が分かる。

リライト0について

本書では、「リライト0」としては載せていませんが、リライト1教材の太字部分（ただし、中学教材は、なし）だけを取り出して、すべてひらがな書きにすると、リライト0になります。その場合、文と文のつながりが自然になるように、適切な言葉や文を補って作成してください。

日本語レベルを分けていないもの

本書には、日本語レベルを分けていない教材が二つあります。

①「やまなし」（六年）

この教材は、原作の味わいを残すためにリライトを最小限度に留めた。そのため、日本語レベルを分けていない。

② 古典・論語のことば（五年）

この教材のねらいは、言葉のひびきやリズムを味わいながら、声に出して読むことである。そのため、日本語レベルを分けていない。

実際の子どもの指導にあたって

子どもの教育的ニーズは一人ひとり異なります。リライト1でも難しい場合やリライト2がやさしすぎる場合もあります。そのため、教材を子どもの教育的ニーズに合わせて、調整する方法を、本書10ページに説明しています。一人ひとりの子どもの日本語力に合わせて教材調整をすると、さらに効果的です。また、本書の教材のまま使用し、口頭による説明を十分にすることで、理解を助けることもできます。

子どもの教育的ニーズに教材の日本語レベルが合わない場合でも、少し高いレベルの教材を使うことにより、子どもの日本語力を伸ばしてほしいと思います。

3 教材作成にあたって留意したこと

本書の「リライト教材・音読譜」による教材は、次の点に留意して作成しました。

① **各教材の主題や主張にほぼ沿った**リライト教材になるよう配慮した。

② 通常学級の**児童生徒の学習内容に近い**学習が可能となるよう配慮した。

③ 子どもの**相当学年の思考ができる**リライト教材をということを最優先にして、教科書の複雑な文を、子どもの理解しやすい文型や表現に書き直した。

④ **リライト教材の文体**は、リライト1では、「です・ます体」（敬体）で作成した。リライト2では、教科書の文体と一致させて作成した。

⑤ **音読譜**は、リライト1では、文節単位の分ち書きとし、リライト2では、次第に意味のまとまりを考慮した音読譜へと、自然な日本語の音読ができるように留意した。

⑥ **漢字およびルビの扱い**について

＊リライト1・リライト2とも漢字は総ルビとした。ただし、小学一・二年の教材中のカタカナにはルビを

振った。小学三年以上はリライト1のみカタカナにルビを振った。

＊教科書本文において、漢字の配当学年の制約から、一方が漢字で他方が平仮名の熟語は、両方を漢字にするか、または、両方をひらがな書きにした。

（例…こ年→今年）

＊リライト1では、以下のように扱った。

小学一・二年の教材では、すべてをひらがな書きとした。

小学三年以上、中学の教材では、小学二年までに学習する漢字を使用した。ただし、教材名や登場人物、キーワード、地名、人名などは、教科書の表記どおりの漢字を使用した。

＊リライト2では、以下のように扱った。

すべての学年で、教科書どおりに学年相当の漢字を使用した。

⑦ **語彙の扱い**について

リライト1では、できるだけ動作化したり、ペープサート、絵、写真、紙芝居、映像など、視覚的な補助教材により理解可能な語彙を使うよう留意した。リライト2では、先生が口頭で説明すれば理解できる語彙を使うよう努めたが、学年が上がるにしたがって、母語の辞書に頼らざるを得ない語彙もいくつか使用した。

⑧ **子どもがよく使う表現**は、ひとまとまりの表現として覚えた方が便利である。そこで**「慣用的表現」**として、できるだけリライト教材の中に取り入れた。この慣用的表現には、一般的に「慣用句」と呼ばれる表現以外に、子どもが日常生活でよく使用する表現を幅広く取りあげた。（例…腹を立てる）

⑨ **擬音・擬態語**を積極的に使用した。オノマトペともいわれるもので、重要な学習項目である。しかし、習得は非常に難しいので、教材をリライトする際に、教科書本文になくても、場面と密着したところで擬音・擬態語を使用し、習得しやすくした。

（例…おなか　ぺこぺこだ）

なお、本書で取りあげたものは『擬音語・擬態語4500 日本語オノマトペ辞典』（小学館・小野正弘編・2016年発行）によった。

以上のような点に留意して作成しましたが、本書の掲載教材がそのまま適した子どもばかりではありません。次の教材調整の仕方を参考にして、リライト教材を手直ししてお使いください。

また、**教科書の挿絵**は、著作権の関係で載せておりません。子どもに「リライト教材・音読譜」を使用する際は、**教科書の挿絵を指し示しながら指導**してください。教科書とともに使うことで、子どもも教科学習をしているとの実感を得られ、いっそう学習効果が得られると思います。

4　子どもの日本語力に合わせた教材調整の仕方

先生は、自分が指導している子どもが、どの程度の日本語を理解する力があるのかを誰よりもよく知っています。その先生が子どもの日本語力の伸びぐあいに対応させた適切な「リライト教材・音読譜」を自作することが理想的です。しかし、在籍学級の進度に合わせてリライト教材を次々に作成することは、時間的にも労力的にも対応できない場合があります。そのような場合には、本書のリライト教材を手直しし、子どもの理解力に合わせた教材に調整して使うことができます。そこで、**本書のリライト1およびリライト2を手直しし、子どもの教育的ニーズにあった教材に調整する方法**を、本書のリライト教材**「ごんぎつね」**（四年）を例にして説明します。

（教科書本文）ごんぎつね

これは、わたしが小さいときに、村の茂平というおじいさんから聞いたお話です。

昔は、わたしたちの村の近くの中山という所に、小さなおしろがあって、中山さまというおとのさまがおられたそうです。

その中山から少しはなれた山の中に、「ごんぎつね」というきつねがいました。ごんは、ひとりぼっちの小ぎつねで、しだのいっぱいしげった森の中に、あなをほって住んでいました。そして、夜でも昼でも、辺りの村へ出てきて、いたずらばかりしました。

畑へ入っていもをほり散らしたり、菜種がらのほしてあるのへ火をつけたり、百姓家のうら手につるしてあるとんがらしをむしり取っていったり、いろんなことをしました。

ある秋のことでした。二、三日雨がふり続いたその間、ごんは、外へも出られなくて、あなの中にしゃがんでいました。

雨が上がると、ごんは、ほっとしてあなからはい出ました。

（リライト教材　リライト1）


むかし、山に、きつねが　いました。

なまえは、「ごん」です。

ごんは、あなの中に　すんで　いました。

ごんは、ひとりぼっちでした。

ごんは、夜も　昼も　いたずらを　しました。

秋、雨が　ふりました。

雨は、二、三日　つづきました。

ごんは、ずっと　あなに　いました。

雨が　やみました。

ごんは、ほっと　しました。

ごんは、あなから　出ました。


（リライト教材　リライト2）


これは、むかしの　お話です。

村から　はなれた山の中に　きつねが　住んでいました。

名前は、「ごん」です。

ごんは、ひとりぼっちの　小ぎつねです。

ごんは、森の中に　あなを　ほって　住んでいました。

夜も　昼も　村へ　行って、いたずらを　しました。

畑の　いもを　ほったり、葉っぱに　火を　つけたり、とうがらしを　とったり　しました。

ある秋のことでした。
二、三日　雨が　ふりました。
ごんは、外へ　出られませんでした。

ごんは、あなに　しゃがんで　いました。

雨が　やみました。

ごんは、あなから　はい出ました。

（教材調整方法の図の見方）

・上段の例文……教材調整に使用する例文
・下段の例文……新しく調整したリライト文

「リライト1」の調整方法

リライト1

むかし、山に、きつねが　いました。
なまえは、「ごん」です。
ごんは、あなの中に　すんで　いました。
ごんは、ひとりぼっちでした。
ごんは、夜も　昼も　いたずらを　しました。

リライト2

これは、むかしの　お話です。
村から　はなれた山の中に

リライト1

むかし、山に、きつねが　いました。
なまえは、「ごん」です。
ごんは、あなの中に　すんで　いました。

リライト2

ごんは、ひとりぼっちの　小ぎつねです。
ごんは、森の中に　あなを　ほって
住んでいました。

・中段の矢印……どの例文を使用したかを表す
・下段枠内、右端の太字……作成方法

リライト0

リライト1から太字部分を抜き出し、漢字はひらがなにする方法。

むかし、やまに、きつねが　いました。
なまえは、「ごん」です。
ごんは、ひとりぼっちでした。
ごんは、よるも　ひるも　いたずらを　しました。

リライト1.5

①リライト2から文を抜き出して加える方法

これは、むかしの　お話です。
山に　きつねが　いました。
なまえは、「ごん」です。

②状況説明の表現を取り出して加える方法

ごんは、森の中の　あなに　すんで　いました。
ごんは、ひとりぼっちの　小ぎつねです。
（傍線部は挿入した部分）

リライト1

ごんは、夜も　昼も　いたずらを　しました。

教科書本文

夜でも昼でも、辺りの村へ出てきて、いたずらばかりしました。

↓

リライト1.5

教科書本文から適切な表現を取り出して加える方法

ごんは、夜も　昼も　村へ　行きました。
ごんは、いたずらばかり　しました。
（傍線部は、教科書本文中の表現を入れてリライト）

「リライト2」の調整方法

リライト1

ごんは、あなの中に　すんで　いました。
ごんは、ひとりぼっちでした。

リライト2

ごんは、ひとりぼっちの　小ぎつねです。
ごんは、森の中に　あなを　ほって
住んでいました。

↓

リライト1.5

子供の理解できない所をやさしくする方法

ごんは、ひとりぼっちの　小ぎつねです。
ごんは、森の　中の　あなに　住んでいました。

「リライト2」の調整方法（つづき）

リライト2

ごんは、ひとりぼっちの　小ぎつねです。
ごんは、森の中に　あなを　ほって
住んでいました。

教科書本文

その中山から少しはなれた山の中に、
「ごんぎつね」というきつねがいました。
ごんは、ひとりぼっちの小ぎつねで、
しだのいっぱいしげった　森の中に、
あなをほって住んでいました。

リライト2

これは、むかしの　お話です。
村から　はなれた山の中に
きつねが　住んでいました。
名前は　「ごん」です。
ごんは、ひとりぼっちの　小ぎつねです。
ごんは、森の中に　あなを　ほって
住んでいました。
夜も　昼も　村へ　行って、
いたずらを　しました。

リライト2.5

教科書本文より、一部分のみを抜き出して、そのまま加える方法。

ごんは、ひとりぼっちの　小ぎつねで、森の中に、
あなを　ほって　住んでいました。

リライト3

教科書本文に、より近づける方法。

これは、むかしの　お話です。
村から　少し　はなれた山の中に
「ごんぎつね」というきつねが　いました。
ごんは、ひとりぼっちの　小ぎつねで、
しだのいっぱい　しげった　森の中に、
あなをほって　住んでいました。夜も　昼も
村へ　行って、いたずらを　しました。
（傍線部が「ポイント教材」部分。19ページ参照）

（指導にあたって）

「リライト教材・音読譜」による指導にあたっては、すべてを理解させようと欲張らないで、初めは大体の内容がつかめたらよいと考えて指導してください。まずは、リライト教材の本文がよく読めるようにしてください。音読譜はそのためのものです。

子どもが教材内容をすべて理解できるまで、一つの教材に長時間かかわらせるのは得策ではありません。子どもの様子をよく見て、次の教材に取り組ませる方が効果的です。多くの教材に触れさせて、日本語で読む体験を重ねるうちに、しだいに内容の理解が進んでいきます。先生があせってはいけません。子どもが飽きてしまわないように、そして、多くの日本語のシャワーを浴びることができるように、通常学級の進度に合わせた支援を心がけてください。

（教科書の使い方について）

リライト教材による指導のあとは、毎時間、学習した部分の教科書本文を必ず読ませるようにします。リライト教材だけで授業を進めることのないよう気を付けてください。

リライト教材は、教科書本文をやさしい表現に書き換えています。そこで、教科書を読む必要があります。リライト教材で内容を理解し、その上で教科書本文の表現と比較したり、詳しく内容を再確認したりします。毎時間教科書を読むうちに、教科書を読むことに慣れ、子どもの日本語力も伸びていきます。

教科書を読ませる場合、気を付けることは、子どもが教科書を読み間違えないように、漢字にはルビを振り、読みづらいところには、斜線を施すなどして、読みやすくします。自分にも教科書が読めたという喜びは、学習意欲を高め、勉強が好きになります。

（教科書本文の例・・・もう少(すこ)しで／たまの／とどく／きょりに入(はい)ってくる）

5　音読譜を指導に活かす

音読譜は、日本語の文章を意味なりに自然な音調で音読するためのものです。

音の高低をはっきりさせるため、縦書きにしてあります。しかし、高低は相対的なもので、行がかわり、位置が高く書いてあれば、前の部分の終わりの音よりも高く発音されるという意味です。そして、一行は一息で読める長さにしてあります。

音読譜を日本語の持つ発音・リズムなどの練習にも使ってほしいと思います。それは、日常会話でのなめらかな日本語発音への橋渡しにもなると考えられるからです。

また、一文の分割は、文節相互の係り受けを中心にしてあります。これは、読みやすいだけでなく、文の構造が明らかになり、文の内容理解の助けにもなると思います。

なお、音読譜では形式段落を示すことができません。教科書と対応させて、段落分けを指導してください。教材によっては形式段落ごとに一行あけています。ただし、一文が次ページに渡らないように作成したため、数行空いているページもあります。

音読譜指導例

【例文】

それで、今年、じいさんは、タニシを付けたつりばりを用意しました。（五年「大造じいさんとガン」より）

【音読譜例】

それで、
　今年、
　　じいさんは、
　　　タニシを付けた　つりばりを
　　　　用意しました。

【留意点】

「それで」「今年」「じいさんは」「タニシを」「用意」の高さの違いは、視覚的に読みやすくするためで、音の高さを厳密には表してはいません。要するに、「それで」の「で」より「今年」を高く発音する、「じいさんは」の「は」より「タニシを」を高く発音するという意味です。つまり、この部分で「声を立てる」ということです。

III 「リライト教材・音読譜」の作成について

1　リライト教材の種類と作成方法

2　音読譜の作成方法

Ⅲ 「リライト教材・音読譜」の作成について

先生が、指導している子どもの学習状況に合わせてリライト教材を自作すると、最も学習効果のあがる教材ができます。そこで、ここではリライト教材と音読譜の作成方法を説明します。

1 リライト教材の種類と作成方法

以下のように六種類のリライト教材を考案しました。

リライト教材作成の基本原則は、「表現はやさしく、内容は相当学年レベルで」ということです。

リライト教材の種類

口頭 リライト教材	要約 リライト教材	あらすじ リライト教材
・教科書本文の内容を口頭でしか伝えられない子どもを対象としたやさしいリライト教材。 ・身振りなどを加えたやさしい表現で話す。 ・絵、紙芝居、ビデオなどの教具を併用して、教科書の内容を分かりやすく示す。	・教科書本文の要約を子どもの日本語力に合わせてリライトした教材。 ・要約だけではもの足りない場合は、補足内容（場面説明、状況説明など）を加味する。 ・子どもの日本語力が低く、長文の教材の指導が無理な場合などに使用できる。	・教科書本文（物語文など）のあらすじをリライトした教材。 ・日本の歴史、文化、地理などの理解が子どもにより異なるので、語彙の書き換えには、子どもに合わせた工夫が必要となる。

全文リライト教材	ポイント教材	注釈リライト付教材
・教科書全文を子どもの日本語力に合わせてリライトした教材。 ・授業時間が十分取れる場合に適している。 ・授業後、教科書本文をよく読ませ、リライト教材と教科書本文との対応をさせると、より効果的である。	・リライト教材の中に、ポイントとして、教科書本文中の重要段落や会話文等を、リライトせずにそのまま挿入した教材。 ・全文を教科書本文で読ませたいが、時間もなく、少し荷が重いという場合に適している。	・教科書本文はリライトしないで、理解の困難な語彙や表現についてのみ噛みくだいたリライト注釈を付けた教材。 ・少しの助けがあれば、通常学級での授業参加が可能な日本語力の子どもに適している。 ・教科書本文を音読譜にして読解させると、さらに効果的である。

※実際の作成にあたっては、六種類のリライト教材を単独で作成することは少なく、子どもに合わせて複数の作成法を用いて完成させます。

リライト教材作成の手順

① 子どもの日本語力や指導可能な時間数を考慮して、どの種類のリライト教材にするか決める。

② 作成する教材の「国語の目標」を決め、その学習目標が達成できる内容になるよう留意する。そのために、国語の目標に照らして、教科書本文のどの部分が大切かを考え、その部分の教科書本文に傍線などを施す。

③ 「日本語の目標」を決める。このリライト教材で、どんな日本語の語彙や文型・表現などを教えるかを決める。子どもの日本語力の弱いところや未習事項などに配慮する。

④ 傍線を施した部分を中心に、全体の流れを考えながら子どもの日本語力にあったリライトを作成する。

作成時の留意点

一文の長さ	文体	単文複文
・五文節程度を目安に作成する。	・リライト0・リライト1では、敬体（です・ます）で作成する。 ・リライト2では、教科書の教材と同じ文体で作成する。	・リライト1では、単文を中心に作成する。 （複文は二文に分けて接続詞を補う）

使用語彙	・リライト1では、動作化・視覚化できる語彙を多く使う。 ・リライト2では、言葉で説明できる語彙も使う。
キーワード	・キーワードは、リライトしないでそのまま入れる。 (例)「ごんぎつね」(11ページ参照) ごん・ひとりぼっち・いたずら
漢字の扱い方	・リライト0では、漢字を使用しない。 ・リライト1では、二年生までの配当漢字を使う。 ・リライト2では、教科書本文に準じ、必要に応じてルビをふる。 ・漢字に抵抗がある場合は、ひらがな書きに直す。
複合動詞	・リライト1では、なるべく他の語に置き換える。 (例)はいでる → でる なげこむ → いれる
受け身・使役表現	・リライト1では、他の表現に変える。 (例)ごんは、兵十にうたれました。 → 兵十は、ごんを うちました。

連体修飾表現	・長い連体修飾表現は、二文に分けたり、他の表現に置き換えたり、省略したりする。 (例)においのある、じょうはつしやすいえきです。 → えきは、においがあります。
接続表現の扱い方	・文章の流れが自然になるように入れる。 ・リライト1では、理解しやすい接続詞の使用に留意する。 (例)そして・しかし・また
慣用的表現	・慣用的表現を積極的に入れる。 (9ページ参照)
擬音・擬態語	・擬音・擬態語を意図的に入れる。 (9ページ参照)

作成したリライト教材の確認

・文章全体の流れはよいか。
・学習目標にそった教材になっているか。
・子どもの分かる教材になっているか。
(子どもはこの教材で内容をイメージできるか。)
・教材は子どもにとって長すぎないか。
・子どもに分かるように指導可能な教材になっているか。

2　音読譜の作成方法

音読譜は、リライト教材を作る過程で、または完成してから、以下のような手順で作成していきます。

（1）文単位で縦書きにする。

（2）それを、文節を意識して分ける。直接続く文節は一行に、そうでない場合は行換えをする。

（3）補足的なこと

①　連用修飾部

分かち書き（一字あける）にする。

連用修飾語で次に直接接続していない場合は、そこで行換えをする。

②　連体修飾部

分かち書きしないが、長い連体修飾部は、音読しやすいように分かち書きにする。

③　文全体を支える述語

分かりやすさという面から行換えをするとよい。

④　読解を意識した場合や、子ども向けの場合

細かく分かち書きする方がよい。

⑤　普通の教材の場合

各行の頭を右上から左下がりにするとよい。

（音調を重視した朗読やスピーチでは異なる）

⑥　パソコン画面（Power Pointなど）を使用した場合

活字の大きさや色に変化がつけられるので、より効果的である。

リライト教材を音読譜にすると、日本語文から受ける重圧感が少なくなり、とてもやさしく感じられます。また、文の構造が見えてきて、理解しやすくなります。特に、リライト教材にたよらなくても、少し支援するだけで、教科書本文を理解できる段階の子どもに適しています。文章の理解が、教科書本文の音読譜のみで、できやすくなるためです。

Ⅳ 「リライト教材・音読譜」による教材

1　小学校の教材（光村図書）

1年　たぬきの糸車（物語 p.24）

2年　たんぽぽのちえ（説明文 p.33）　スイミー（物語 p.40）
お手紙（物語 p.48）

3年　三年とうげ（物語 p.59）　ありの行列（説明文 p.72）
モチモチの木（物語 p.82）

4年　アップとルーズで伝える（説明文 p.100）
一つの花（物語 p.110）　ごんぎつね（物語 p.123）

5年　古典（竹取物語・枕草子・平家物語・論語のことば p.145）
想像力のスイッチを入れよう（説明文 p.152）
大造じいさんとガン（物語 p.167）

6年　やまなし（物語 p.186）　『鳥獣戯画』を読む（説明文 p.199）
海の命（物語 p.216）　平和のとりでを築く（説明文 p.234）

2　中学校の教材（光村図書）

1年　少年の日の思い出（小説 p.244）

2年　君は「最後の晩餐」を知っているか（評論 p.273）
レオナルド・ダ・ヴィンチ作「最後の晩餐」の新しさ（解説 p.294）
言葉の力（随筆 p.303）

3年　握手（小説 p.310）

Ⅳ 「リライト教材・音読譜」による教材

1 小学校の教材（光村図書）

リライト1 小学1年

たぬきの　糸車（いとぐるま）（物語）

これは、
むかしの　おはなしです。
やまの　おくに
きこりと　おかみさんが
すんで　いました。
まいばん、
たぬきが　きました。
たぬきは、
いたずらを　しました。
そこで、
きこりは、
わなを　しかけました。
つきが　きれいな　ばんでした。
おかみさんは、
いとぐるまを　まわして　いました。
キーカラカラ　キーカラカラ
キークルクル　キークルクル
たぬきが
へやを　のぞいて　いました。

しょうじの　あなから
　めだまが　みえました。
いとぐるまが
　キークルクルと
　　まわりました。
ふたつの　めだまも
　くるりくるりと　まわりました。
そして、
　たぬきは
　　おかみさんの　まねを　しました。
いとぐるまを　まわす　まねです。
おかみさんは、
　わらいそうに　なりました。
でも、
　おかみさんは、
　　だまって
　　　いとぐるまを　まわしました。

まいばん、まいばん、
　たぬきは、やって　きました。
たぬきは、
　いとぐるまを
　　まわす　まねを　しました。
おかみさんは、
「いたずらもんだが
　　かわいいな。」と、
　　　おもいました。

ある　ばん、
　キャーッと
　　さけびごえが　しました。
たぬきが、
　わなに　かかって　いました。

おかみさんは、　いいました。
「かわいそうに。
　わなに　なんか
　　かかるんじゃ　ないよ。
たぬきじるに　されて　しまうで(よ)。」
おかみさんは、
**　たぬきを　にがしました。**

ふゆに　なりました。
きこりと　おかみさんは、
**　　　むらへ　おりました。**

はるに　なりました。
きこりと　おかみさんは、
**　やまの　こやへ　もどりました。**
おかみさんは、
　とを　あけました。
おかみさんは、
　あっと　おどろきました。
へやの　なかに、
**　しろい　いとが**
**　　たくさん　ありました。**
いとぐるまには、
**　いとが　かかって　います。**
おかみさんは、
　おもいました。
「はあて、ふしぎな。
　どう　した　こっちゃ。」
おかみさんは、
　ごはんを　つくり　はじめました。
すると、
　いとぐるまの　おとが
　　きこえて　きました。

キーカラカラ　キーカラカラ
キークルクル　キークルクル

おかみさんは、
びっくり　しました。

おかみさんは、
ふりむきました。

ちゃいろの　しっぽが
すこし　みえました。

おかみさんは、
そっと　へやを　のぞきました。

たぬきが、
いとぐるまを
じょうずに
まわして　いました。

たぬきは、
おかみさんに　きが　つきました。

たぬきは、
ぴょこんと
そとに　とびおりました。

ぴょんぴょこ　おどりながら
かえって　いきました。

たぬきは
とても　うれしそうに
かえって　いきました　とさ。

先生方へ

【国語の目標】

① 「たぬきの糸車」を、声に出して読む。
② 登場人物が分かる。
③ かぎ（「　」）が会話表現であることを知る。
④ 好きなところを読む。

【日本語の目標】

① 会話表現にふれる。

② 擬音・擬態語にふれる。

「キーカラカラ／キークルクル／くるりくるりと（まわりました）／キャーッと（さけびごえが　しました）／そっと（のぞきました）／ぴょこんと（そとに　とびおりました）／ぴょんぴょこ（おどりながら）」

【国語の授業用語】

「だいめい／さくしゃ／かぎ（「　」）」

リライト2 小学1年

たぬきの　糸車（いとぐるま）（物語）

むかし、
　ある　山（やま）おくに、
　　きこりの　ふうふが
　　　すんで　いました。
山（やま）おくの　一（いっ）けんやに
　　　すんで　いました。
たぬきが　まいばんの　ように
　　　やって　きました。
たぬきは
　いたずらを　しました。
そこで、
　きこりは、
　　わなを　しかけました。

ある　ばんの　ことです。
月（つき）が　きれいな　ばんでした。
おかみさんは、
　糸車（いとぐるま）を　まわして、
　　糸（いと）を　つむいで　いました。

キーカラカラ　キーカラカラ
キークルクル　キークルクル
おかみさんは、
　ふと　気が　つきました。
だれかが、
　やぶれしょうじの　あなから、
　　　　　　　のぞいて　いました。
二つの　くりくりした　目玉が、
　　　こちらを　のぞいて　いました。
糸車が
　キークルクルと　まわりました。
すると、
　二つの　目玉も
　　くるりくるりと　まわりました。
そして、
　月の　あかるい　しょうじに
　　たぬきの　かげが　うつりました。
たぬきは、
　おかみさんの　まねを　しています。
糸車を　まわす　まねです。
おかみさんは、
　おもわず
　　ふき出しそうに　なりました。
でも、
　おかみさんは、
　　だまって　糸車を
　　　まわして　いました。

つぎの　日から、
　たぬきは、
　　まいばん、まいばん
　　　やって　きました。

そして、
たぬきは、
糸車を　まわす
まねを　しました。
「いたずらもんだが、
かわいいな。」

あるばん、
こやの　うらで、
キャーッと
さけびごえが　しました。
おかみさんは、
こわごわ　いって　みました。
すると、
いつもの　たぬきが
わなに　かかって　いました。
「かわいそうに。
わなに　なんか　かかるんじゃ　ないよ。
たぬきじるに　されて　しまうで。」
おかみさんは、
たぬきを　にがして　やりました。

やがて、
山の　木の　はが　おちて、
ふゆが　きました。
ゆきが　ふって　きました。
きこりの　ふうふは、
村へ　下りて　いきました。

はるに　なりました。
きこりの　ふうふは、
山おくの　こやに
もどって　きました。

おかみさんは、
　とを　あけました。
おかみさんは、
　あっと　おどろきました。
いたの間(ま)に、
　白(しろ)い　糸(いと)の　たばが
　　山(やま)のように　つんで　あったのです。
糸車(いとぐるま)は、
　　ほこりだらけの　はずです。
でも、
　糸車(いとぐるま)には、
　　　まきかけた　糸(いと)も
　　　　かかって　います。
「はあて、ふしぎな。
どう　した　こっちゃ。」と、
　　　おかみさんは　おもいました。
おかみさんは、
土間(どま)で
　　ごはんを　たきはじめました。
すると、
キーカラカラ(きーからから)　キーカラカラ(きーからから)
キークルクル(きーくるくる)　キークルクル(きーくるくる)　と、
　糸車(いとぐるま)の　まわる　音(おと)が、
　　　　きこえて　きました。
おかみさんは、
　びっくりして　ふりむきました。
すると、
　いたどの　かげから、
　　ちゃいろの　しっぽが
　　　ちらりと　見(み)えました。
おかみさんは、
　そっと　のぞきました。

すると、
　いつかの　たぬきが、
　　じょうずな　手（て）つきで、
　　　糸（いと）を　つむいで　いました。
そして、
　たぬきは
　　糸（いと）を　たばねて、
　　　つみかさね　ました。
おかみさんが　していた　とおりです。
たぬきは、
　おかみさんに
　　ふと　気（き）が　つきました。
たぬきは、
　ぴょこんと
　　そとに　とび下（お）りました。
そして、
　とても　とても　うれしそうに
　　ぴょんぴょこ　おどりながら
　　　かえって　いきました　とさ。

先生方へ

【国語の目標】

① 「たぬきの糸車」を、声に出してすらすら読む。
② あらすじが分かる。
③ かぎ（「　」）の部分を、おかみさんになったつもりで読む。
④ 好きな文を書き写す。

【日本語の目標】

① ひらがなとカタカナの違いが分かる。
② 会話表現に慣れる。
③ 連体修飾表現にふれる。
　「月が　きれいな　ばん／糸車を　まわす　まね／糸車の　まわる　音」
など

④ 擬音・擬態語に慣れる。

「キーカラカラ／キークルクル／くりくり（した　目玉）／くるりくるりと（まわりました）／キャーッと（さけびごえが　しました）／ちらりと（見える）／そっと（のぞく）／ぴょこんと（そとに　とび下りました）／ぴょんぴょこ（おどりながら）」

【国語の授業用語】

「だいめい／さくしゃ／かぎ（「　」）／まとまり／声の大きさ／読むはやさ」

リライト1　小学2年

たんぽぽの　ちえ（説明文）

はるです。
たんぽぽが　さきます。
たんぽぽの　はなは、
きいろです。
とても　きれいです。

に、さんにち　すぎます。
たんぽぽの　はなは、
しぼみます。
たんぽぽの　はなは、
くろく　なります。
そして、
たんぽぽの　はなの　じくは、
たおれます。
でも、
たんぽぽは、
かれて　いません。
たんぽぽの　はなと　じくは、
やすんでいます。

たんぽぽは、
たねに
えいようを　おくります。
たんぽぽの　たねは、
大きく　なります。

やがて、
たんぽぽの　はなは、
かれます。
そして、
しろい　わたげが
できます。

わたげが、
ひろがります。
わたげに、
たねが　ついて　います。
わたげは、
ふわふわ　とびます。

この　ころ、
はなの　じくが、
また　おきあがります。
じくは、
ぐんぐん　のびます。
せいが
たかく　なります。

すると、
わたげに
かぜが　よく　あたります。

それで、
たねが
とおく へ とびます。

はれた ひ、
わたげの らっかさんが ひらきます。
かぜが ふきます。
わたげは、
とおく へ とびます。

あめの ひ、
わたげの らっかさんは、
すぼみます。
わたげが しめります。
それで、
たねが
とおく へ とびません。

このように、
たんぽぽは、
いろいろ かんがえて います。
そして、
たねを とばします。
これが、
たんぽぽの ちえです。
わたげの たねが、
あちら こちらに とびます。
それで、
あたらしい たんぽぽが、
たくさん はえるのです。

先生方へ

【国語の目標】

① たんぽぽの花やじくの変化していく様子を知る。

② たんぽぽのちえとは何かを知る。

【日本語の目標】

① 擬音・擬態語にふれる。

「ふわふわ（とぶ）／ぐんぐん（のびる）」

② いろいろな接続詞にふれる。

「そして／でも／すると／それで」

③ 連体修飾表現にふれる。

「たんぽぽの　はなの　じく／しろい　わたげ／あたらしい　たんぽぽ」

【国語の授業用語】

「ようす／文」

リライト2 小学2年

たんぽぽの　ちえ（説明文）

春です。
たんぽぽの　花が　さきます。
黄色い　きれいな　花が
　さきます。

二、三日　たつと、
　たんぽぽの　花は　しぼみます。
たんぽぽの　花の　色は、
　だんだん　くろっぽく　かわります。
そうして、
　たんぽぽの　花の　じくは、
　　じめんに　たおれます。

けれども、
たんぽぽは、かれて　いません。
たんぽぽの　花と　じくは、
休んで　います。
たんぽぽは、
たねに、
たくさん
えいようを　おくります。
たんぽぽの　たねは、
どんどん　太ります。

やがて、
たんぽぽの　花は、かれます。
花の　あとに、
白い　わた毛が　できます。
この　わた毛が
ひろがります。
それは、
らっかさんの　ようです。
わた毛には、
たねが　ついて　います。
たんぽぽは、
わた毛の　たねを
ふわふわと　とばします。

このころ、
花の　じくが、
また　おき上がります。
そうして、
せのびを　するように、
じくは、
ぐんぐん　のびて　いきます。

なぜ、
こんな ことを するのでしょう。
それは、
たんぽぽの せいが 高いと、
たねが
とおくへ とぶからです。
わた毛に
風が よく あたるからです。

よく 晴れた 日、
わた毛の らっかさんは、
いっぱいに ひらきます。
風が ふくと、
わた毛は、
とおくまで とんで いきます。

でも、
雨の 日や
しめり気の 多い 日、
わた毛の らっかさんは、
すぼんで しまいます。
それは、
わた毛が
しめって おもくなり、
たねが とおくへ とばないからです。

このように、
たんぽぽは、
いろいろな ちえを
はたらかせて います。
たんぽぽは、
あちらこちらに
たねを ちらします。

そして、
あたらしい　なかまを
ふやして　います。

先生方へ

【国語の目標】

①「たんぽぽのちえ」を読んで、初めて知ったことに線を引く。
②たんぽぽの変わっていく様子に気をつけて読む。
③たんぽぽのちえとは何かを文章中からさがす。
④理由をたずねる表現とそれに答える表現を知る。
「なぜ〜でしょう。それは〜からです。」

【日本語の目標】

①擬音・擬態語を知る。
「だんだん（かわる）／どんどん（太る）／ふわふわと（とばす）／ぐんぐん（のびる）」
②いろいろな接続詞を知る。
「そうして／けれども／でも／そして」
③連体修飾表現に慣れる。
「黄色い　きれいな　花／たんぽぽの　花の　色／たんぽぽの　花の　じく／しめり気の　多い　日」
④慣用的表現を知る。
「ちえを　はたらかせる」
⑤比喩表現にふれる。
「らっかさんの　ようです／せのびを　するように」

【国語の授業用語】

「筆者／ようす／説明文」

リライト1 小学2年

スイミー（物語）

ひろい　うみに、
ちいさな　さかなたちが　いました。
ちいさな　さかなたちは
きょうだいでした。
みんなは
たのしく　くらして　いました。
みんな　あかいろ　でした。
でも、
いっぴきだけは
まっくろ　でした。
なまえは　スイミーです。
スイミーは
いちばん　はやく
およぎました。

ある　ひ、
おそろしい　まぐろが、
やって　きました。
まぐろは、
おなかが　すいて　いました。
まぐろは、
ミサイルみたいに
つっこんで　きました。
まぐろは、
ちいさな　あかい　さかなたちを
ぜんぶ　**のみこみました。**
でも、
スイミーだけ　にげました。

スイミーは
ひとりぼっちに　なりました。
スイミーは、
くらい　うみの　なかを
およぎました。
スイミーは、
こわかったです。
さびしかったです。
とても　かなしかったです。

でも、
うみには、
すばらしい　ものが
いっぱい　ありました。
にじいろの　ゼリーのような
くらげが　います。
すいちゅうブルドーザーみたいな
いせえびが　います。
みたことが　ない
さかなたちが　います。
みえない　いとが
さかなたちを　ひっぱって　います。
ドロップみたいな　いわから
こんぶや　わかめが
たくさん　はえて　います。
とても　ながい　うなぎが　います。
うなぎは、
かおから　しっぽまで
とても　はなれて　います。
そして、
いそぎんちゃくは
かぜに　ゆれる　やしのき　みたいです。
ももいろの　やしのき　みたいです。

スイミーは
　おもしろい　ものを　みて、
　　だんだん　げんきに　なりました。

そのとき、
　スイミーは、
　　いわかげに
　　　ちいさな　さかなたちを　みつけました。
ちいさな　さかなたちは、
　スイミーの　きょうだいたちと
　　　　そっくりでした。
スイミーは　いいました。
「でて　こいよ。
みんなで　あそぼう。
おもしろい　ものが　いっぱいだよ。」
ちいさな　あかい　さかなたちは、
　　　　こたえました。

「だめだよ。
おおきな　さかなに
　たべられて　しまうよ。」
スイミーは　いいました。
「だけど、
　いつまでも　そこに
　　じっと　して　いる　ことは
　　　できないよ。
なんとか　かんがえなくちゃ。」
スイミーは　かんがえました。
　いろいろ　かんがえました。
　　うんと　かんがえました。
それから、
　とつぜん、
スイミーは　さけびました。

「そうだ。
みんな
いっしょに　およぐんだ。
うみで　いちばん　おおきな
さかなの　ふりを　して。」
スイミーは　みんなに　おしえました。
みんな　はなれては　いけないと
おしえました。
みんな　じぶんの　ばしょを　まもろうと
おしえました。
みんなは、
いっぴきの　おおきな　さかなみたいに
およげるように　なりました。
そのとき、
スイミーは　いいました。
「ぼくが、めに　なろう。」
みんなは、
あさの　つめたい　みずの　なかを
およぎました。
みんなは、
ひるの　かがやく　ひかりの　なかを
およぎました。
そして、
みんなは、
おおきな　さかなを　おいだしました。

先生方へ

【国語の目標】

①「スイミー」を読んで、どんな出来事が起こったかを知る。
② 役割を決めて、会話部分を読み合う。
③ スイミーの人物像にふれる。

音読譜 小学2年

スイミー（物語）

【日本語の目標】

① ひらがなをすらすら読む。
② 「ような／みたいな」の表現にふれる。
「ミサイルみたいに つっこんで／ゼリーのような くらげ／すいちゅうブルドーザーみたいな いせえび」など
③ 会話表現にふれる。

【国語の授業用語】

「作者／人物／出来事」

広い 海の どこかに、
小さな 魚の きょうだいたちが、
たのしく くらして いた。

みんな 赤いのに、
一ぴきだけは、
からす貝よりも まっくろ。

およぐのは、
だれよりも はやかった。

名前は スイミー。

ある 日、

おそろしい まぐろが、
おなかを すかせて、
すごい はやさで
ミサイルみたいに つっこんで きた。

一口で、
まぐろは、
小さな　赤い　魚たちを
一ぴき　のこらず　のみこんだ。

にげたのは
スイミーだけ。
スイミーは　およいだ、
くらい　海の　そこを。
こわかった。
さびしかった。
とても　かなしかった。

けれど、
海には、
すばらしい　ものが
いっぱい　あった。
おもしろい　ものを　見る　たびに、
スイミーは、
だんだん　元気を
とりもどした。
にじ色の　ゼリーのような
くらげ。
水中ブルドーザーみたいな
いせえび。
見た　ことも　ない
魚たち。
見えない　糸で
ひっぱられて　いる。
ドロップみたいな　岩から
生えて　いる、
こんぶや　わかめの
林。

うなぎ。
かおを　見る　ころには、
しっぽを　わすれて　いるほど　長い。

そして、
風に　ゆれる
もも色の　やしの木みたいな
いそぎんちゃく。

そのとき、
岩かげに
スイミーは　見つけた、
スイミーのと　そっくりの、
小さな　魚の　きょうだいたちを。

スイミーは　言った。
「出て　こいよ。
みんなで　あそぼう。
おもしろい　ものが　いっぱいだよ。」
小さな　赤い　魚たちは、
こたえた。

「だめだよ。
大きな　魚に
たべられて　しまうよ。」
「だけど、
いつまでも　そこに
じっと　して　いる　わけには
いかないよ。

なんとか　かんがえなくちゃ。」
スイミーは　かんがえた。
いろいろ　かんがえた。
うんと　かんがえた。
それから、
とつぜん、
スイミーは　さけんだ。

「そうだ。
みんな
　いっしょに　およぐんだ。
海で　いちばん　大きな
　魚の　ふりを　して。」
スイミーは　教えた。
けっして、
　はなればなれに　ならない　こと。
みんな、
　もちばを　まもる　こと。

みんなが、
　一ぴきの　大きな　魚みたいに
　およげるように　なったとき、
　スイミーは　言った。
「ぼくが、目に　なろう。」
あさの　つめたい　水の　中を、
ひるの　かがやく　光の　中を、
　みんなは　およぎ、
　大きな　魚を　おい出した。

先生方へ

この教材は、教科書本文を分かりやすく表記した音読譜です。学習者に原作の味わいを楽しんでもらうことを重視しました。内容把握が困難と思われる場合は、先に**リライト1**を読んでください。

【国語の目標】

①「スイミー」のあらすじが分かる。
②起こった出来事を順に挙げる。
③スイミーがしたことを見つけて、スイミーの人物像を考える。

【日本語の目標】

①漢字かな交じり文を、すらすら読むことができる。
②「ような／みたいな」の表現に慣れる。

「ミサイルみたいに　つっこんで／ゼリーのような　くらげ／水中ブルドーザーみたいな　いせえび／ドロップみたいな　岩／やしの木みたいな　いそぎんちゃく」

③　体言止めの表現に慣れる。

「からす貝よりも　まっくろ。／名前は　スイミー。／ゼリーのような　くらげ。」など

【国語の授業用語】

「作者／訳者／あらすじ／登場人物／出来事」

リライト1　小学2年

お手紙（てがみ）（物語）

がまくんは、
　げんかんに　いました。

かえるくんが　きました。
「どうしたの、がまがえるくん。
きみ、かなしいの。」

がまくんが　いいました。
「うん、
　いま、
　　とても　かなしいんだ。
おてがみを　まって　いるんだ。
それで、
　とても　かなしいんだ。」

「どうして。」
かえるくんが　いいました。

「ぼくには、
　おてがみが　こないんだ。」
がまくんが　いいました。

「いちども　こないの。」
かえるくんが　いいました。
「いちども　こないよ。
　それで
　　ぼくは、かなしいんだ。」
がまくんが　いいました。

ふたりは、
　かなしい　きもちでした。
ふたりは、
　げんかんに　すわりました。

かえるくんが　いいました。
「ぼく、
　いえに　かえるよ。
　ようじが　あるんだ。」

かえるくんは、
　いえへ　かえりました。
　いそいで　かえりました。
かえるくんは、
　かみに
　　なにか　かきました。
そして、
　かえるくんは、
　　ふうとうに
　　　「がまがえるくんへ」と
　　　　かきました。

かえるくんは、
いえから　とびだしました。
かえるくんは、
かたつむりくんに　あいました。
かえるくんが　いいました。
「この　おてがみを
がまくんに　もって　いって。」
かたつむりくんが　いいました。
「いいよ。
すぐ　いくよ。」
そして、
かえるくんは、
また、
がまくんの　いえへ　いきました。

がまくんは、
おひるねを　して　いました。

かえるくんが　いいました。
「がまくん、
おきて。
おてがみを
もうちょっと　まとうよ。」

「ぼく、
もう　まつの、
いやだよ。」
がまくんが　いいました。

かえるくんは、
そとを　みました。
かたつむりくんは、
まだ　きません。

かえるくんが　いいました。
「がまくん。
きょう
おてがみが　くるよ。」

「こないよ。
いつも　こないよ。」
がまくんが　いいました。
かえるくんは、
そとを　みました。
かたつむりくんは、
まだ　きません。

「どうして、
ずっと、
そとを　みて　いるの。」
がまくんが　いいました。

「いま、
ぼく、
おてがみを　まってるんだ。」
かえるくんが　いいました。

「でも、
こないよ。」
がまくんが　いいました。

「きっと　くるよ。
だって、
ぼくが
おてがみを　だしたんだもの。」
かえるくんが　いいました。

先生方へ

【国語の目標】

① 会話部分は、誰が言った言葉かを知る。

がまくんが　いいました。
「おてがみに、
なんて　かいたの。」

かえるくんが　いいました。
「だいすきな　がまがえるくん。
きみは、
ぼくの　ともだちです。
ぼくは、
とても　うれしいです。
きみの　ともだち、かえる。」

がまくんが　いいました。
「とても　いい　おてがみだ。」

ふたりは、
げんかんで
おてがみを　まちました。

ふたりは、
とても　しあわせでした。

よっか　たちました。
かたつむりくんが　きました。
がまくんは、
おてがみを　もらいました。
がまくんは、
とても　よろこびました。

② 三人の人物がしたことは何かを知る。
③ 役割を決めて、会話部分を読む。

【日本語の目標】

① ひらがなが、すらすら読める。
② 会話表現に慣れる。
③ 連体修飾表現にふれる。
「かなしい　きもち／いい　おてがみ」
④ 地の文の過去表現に慣れる。

【国語の授業用語】

「人物／会話」

リライト2
小学2年

お手紙（物語）

がまくんは、
　げんかんに　すわっていました。

かえるくんが
　やって来ました。
「どうしたんだい、がまがえるくん。
きみ、かなしそうだね。」

「うん、そうなんだ。」
がまくんが　言いました。
「今、
　とても　かなしい時なんだ。
お手紙を　まっているんだ。
だから、
　とても　かなしくなるんだ。」

「それは、どうして。」

かえるくんが　たずねました。

「だって、

ぼく、

お手紙　もらったことが　ないんだ。」

がまくんが　言いました。

「いちども　ないの。」

かえるくんが　たずねました。

「ああ。

いちども　ないよ。」

がまくんが　言いました。

「毎日、

ぼくの　ゆうびんうけは、

空っぽさ。

だから、

お手紙を　まっているとき、

ぼくは、

とても　かなしくなるんだ。」

ふたりとも

かなしい気もちでした。

ふたりとも

げんかんの前に　すわりました。

すると、

かえるくんが　言いました。

「ぼく、

家に　帰るよ。

ようじが　あるんだ。」

かえるくんは、

いそいで

家へ

帰りました。

かえるくんは、
　紙に
　　何か　書きました。
そして、
　ふうとうに
　　こう　書きました。
「がまがえるくんへ」
かえるくんは、
　家から　とび出しました。
かえるくんは、
　かたつむりくんに　会いました。
かえるくんが　言いました。
「この　お手紙を
　がまくんの家へ　もっていって。」
かたつむりくんが　言いました。
「まかせて。
　すぐ　いくよ。」

それから、
　かえるくんは、
　　がまくんの家へ　もどりました。

がまくんは、
　ベッドで　お昼ねを　していました。

かえるくんが　言いました。
「がまくん、おきて。
　お手紙を
　　もうちょっと　まとうよ。」

「いやだよ。」
がまくんが　言いました。

「ぼく、
もう　まってるの、
いやだよ。」

かえるくんは、
まどから
ゆうびんうけを　見ました。
かたつむりくんは、
まだ　来ません。

「でもね、がまくん。」
かえるくんが　言いました。
「きょうは、
きみに
お手紙が　来るかもしれないよ。」

「来ない。来ない。」
がまくんが　言いました。
「今まで、
お手紙は　来なかったよ。
きょうも　同じだよ。」

かえるくんは、
まどから　のぞきました。
かたつむりくんは、
まだ　来ません。

「かえるくん、
どうして、
ずっと、
まどの外を　見ているの。」
がまくんが　たずねました。

「だって、
今、
ぼく、
お手紙を　まっているんだよ。」
かえるくんが　言いました。
「でも、
来ないよ。」
がまくんが　言いました。

「きっと　来るよ。」
かえるくんが　言いました。
「だって、
ぼくが
きみに
お手紙を　出したんだから。」

「きみが。」
がまくんが　言いました。
「お手紙に、
なんて　書いたの。」

かえるくんが　言いました。
「大すきな　がまがえるくん。
きみは、
ぼくの親友です。
だから、
ぼくは、うれしいです。
きみの親友、かえる。」

「ああ。」
がまくんが　言いました。
「とても　いい　お手紙だ。」

それから、
ふたりは、
げんかんで、
お手紙（てがみ）を　まちました。

ふたりとも、
とても　しあわせでした。
長（なが）い　あいだ
すわって　まちました。

四日（よっか）　たちました。
かたつむりくんが、
がまくんの　家（いえ）に　つきました。
そして、
かたつむりくんは、
お手紙（てがみ）を
がまくんに　わたしました。
がまくんは、
お手紙（てがみ）を　もらいました。
がまくんは、
とても　よろこびました。

先生方へ

【国語の目標】

① 会話部分は、誰の言葉かを考える。
② 三人の人物がしたことを、文章中から見つけて、「だれが　〜した」という表現で言う。
③ 役割を決めて、会話部分を読む。

【日本語の目標】

① 漢字かな交り文がすらすら読める。
② 連体修飾表現に慣れる。
③ 「かなしい時／かなしい気もち」
地の文の過去表現に慣れる。

【国語の授業用語】
「人物／会話」

リライト1 小学3年

三年とうげ（物語）

ある　ところに
とうげが　ありました。
名前は、
三年とうげです。

春には、
すみれや　たんぽぽが　さきました。
それから、
れんげつつじも　さきました。
とうげは、
とても　きれいでした。
秋には、
かえでや　ぬるでの　はが、
色づきました。
白い　すすきも　光って　います。
とうげは、
とても　きれいでした。

こんな　話が　ありました。
「三年とうげで　ころぶで　ない。
三年とうげで　ころんだならば、
三年きりしか　生きられぬ。
長生き　したけりゃ
ころぶで　ないぞ。
三年とうげで　ころんだならば、
長生き　したくも　生きられぬ。」

リズミカルな表現なので、リライトしないで、内容を次のように説明する。
「三年とうげで　ころんじゃ　だめよ。
三年とうげで　ころんだら、
三年しか　生きられないよ。
長生き　したかったら、
ころんじゃ　だめよ。
三年とうげで　ころんだら、
長生き　したくても
生きられないよ。」

それで、
　みんな、
　　ころばないように、　歩きました。
　　おそるおそる　歩きました。

秋に、
　おじいさんは、
　　三年とうげを　通りました。
白いすすきが　光って　いました。
とても　きれいでした。
おじいさんは、
　ゆっくり　休みました。
しばらくして、
「こうしちゃ　おれぬ。
　日が　くれる。」
おじいさんは、
　あわてて　立ちあがりました。
「三年とうげで　ころぶで　ないぞ。
三年とうげで　ころんだならば、
　三年きりしか　生きられぬ。」
おじいさんは、
　いそいで　歩きました。

夕やけ空が
　だんだん　くらく　なりました。

ところが　たいへんです。
おじいさんは、
　石に　つまずいて
　　ころびました。

おじいさんは、
　がたがた　ふるえました。
おじいさんは、
　家に
　　走って　帰りました。
おじいさんは、
　おばあさんに　だきつきました。
おじいさんは、
　おいおい　なきました。
「ああ、どうしよう、どうしよう。
三年しか　生きられない。」

その日から、
　おじいさんは、
　　ごはんを　食べませんでした。
おじいさんは、
病気に　なりました。
おばあさんは、
　おいしゃを　よびました。
おじいさんは、
　くすりを　のみました。
けれども、
　おじいさんの　病気は、
　　なおりませんでした。
村の　人たちも　心配しました。

ある日、
水車屋の　トルトリが、
みまいに　来ました。
「ぼくの　言うように　したら、
おじいさんの　病気は、
　きっと　なおるよ。」
「どうしたら　いいんだ。」

「三年とうげで、
もう　一ど　ころぶんだよ。」

「ばかな。
わしに、
もっと　早く　しねと
言うのか。」

「そうじゃ　ないんだよ。
一ど　ころべば、三年　生きるんだろ。
二ど　ころべば　六年、
三ど　ころべば　九年、
四ど　ころべば、十二年　生きるんだよ。
何ども　ころぶんだよ。
きっと
ううんと　長生き　できるよ。」

しばらくして、
おじいさんは、
うなずきました。
「うん、わかった、わかった。」

おじいさんは、
ふとんから　はねおきました。
おじいさんは、
三年とうげに　行きました。
そして、
自分で　ころびました。

すると、
おもしろい　歌が　聞こえました。
歌は、
ぬるでの　木の　うしろから、
聞こえました。

「えいやら　えいやら　えいやらや。
一ぺん　ころべば　三年で、
十ぺん　ころべば　三十年、
百ぺん　ころべば　三百年。
こけて　ころんで　ひざついて、
しりもちついて　でんぐりがえり、
長生き　するとは、
こりゃ　めでたい。」

ころりん、ころりん、すってんころり、
ぺったんころりん、ひょいころ、ころりんと、
おじいさんは、ころびました。

おじいさんは、
とても　うれしく　なりました。
おじいさんは、
とうげから　ふもとまで、
ころがりました。

そして、
おじいさんは、
にこにこ　わらいました。

「もう、
わしの　病気は　なおった。
百年も、二百年も、長生きが　できる。」と、
言いました。

おじいさんは、
とても　元気に　なりました。
おじいさんと　おばあさんは、
しあわせに、長生き　しました。

ところで、

ぬるでの　木の　うしろから

歌が　聞こえましたね。

「えいやら　えいやら　えいやらや。

一ぺん　ころべば　三年で、

十ぺん　ころべば　三十年、

百ぺん　ころべば　三百年。

こけて　ころんで　ひざついて、

しりもちついて　でんぐりがえり、

長生き　するとは、

こりゃ　めでたい。」

だれが　歌ったのでしょうか。

先生方へ

【国語の目標】

① おもしろかったところを示す。

② 言い伝えや「ぬるでの木のうしろから聞こえた」歌は、リズミカルな表現なので、先生と一緒に音読をして楽しむ。

【日本語の目標】

① 登場人物の行動を示す表現を動作化する。

「石につまずいてころぶ／ふとんからはねおきる／しりもちをつく」

② 擬音・擬態語を知る。

「おそるおそる（歩く）／がたがた（ふるえる）／おいおい（なく）／ころころころりんと（ころぶ）／にこにこ（わらう）」

【国語の授業用語】

「おもしろかったところ／登場人物」

リライト2
小学3年

三年とうげ（物語）

ある所に、
　とうげが　ありました。
みんなは、
　三年とうげと　よんでいました。
あまり　高くない、
　なだらかな　とうげでした。

春には、
　すみれ、たんぽぽ、ふでりんどうが
　　　　　　　　　　さきました。
とうげから　ふもとまで
　　　　　いっぱい　さきました。
れんげつつじが　さくころは、
　ため息が出るほど
　　よい　ながめでした。

秋には、
　かえで、がまずみ、ぬるでの葉が
　　　　　　　　　色づきました。
とうげから　ふもとまで
　　　　　きれいに　色づきました。
白いすすきが　光るころは、
　ため息が出るほど
　　よい　ながめでした。

三年とうげには、
　昔から
　　こんな話が　ありました。

「三年とうげで　転ぶで　ない。
三年とうげで　転んだならば、
　三年きりしか　生きられぬ。
長生きしたけりゃ、
　転ぶで　ないぞ。
三年とうげで　転んだならば、
　長生きしたくも　生きられぬ。」

それで、
　三年とうげでは、
　　みんな、
　転ばないように　歩きました。
　おそるおそる　歩きました。

ある秋の日のことでした。

おじいさんが
　となり村へ　行きました。
そして、
　帰り道、
　　おじいさんは、
　　三年とうげまで　来ました。
白いすすきが　光っていました。
おじいさんは、
　すわって　休みました。
とても　美しい　ながめでした。
おじいさんは、
　うっとりしていました。

リズミカルな表現なので、リライトしないで、次のように説明する。
「三年とうげで　転んじゃ　だめよ。
三年とうげで　転んだら、
　三年しか　生きられないよ。
長生きしたかったら、
　転んじゃ　だめよ。
三年とうげで　転んだら、
　長生きしたくても
　　生きられないよ。」

しばらくして、
　おじいさんは、
「こうしちゃおれぬ。
日が　くれる。」と、
　あわてて　立ち上がりました。
「三年とうげで　転ぶで　ないぞ。
三年とうげで　転んだならば、
　三年きりしか　生きられぬ。」と、
　　いそいで　帰りました。

夕やけ空が
　だんだん　暗く　なりました。

ところが　たいへん。
おじいさんは、
　石につまずいて　転んでしまいました。
おじいさんは、
　真っ青になり、
　　がたがた　ふるえました。

おじいさんは、
　家に
　　すっとんで　帰りました。
おばあさんに　だきついて、
　　おいおい　なきました。
「ああ、
　どうしよう、どうしよう。
わしの　じゅみょうは、
　　あと三年じゃ。
わしは、
　三年しか　生きられないんじゃあ。」

その日から、
おじいさんは、
ごはんも 食べないで、
ふとんに もぐりこみました。
とうとう 病気に なりました。
おばあさんは、
お医者を よんだり、
おじいさんに
薬を 飲ませたり しました。
けれども、
おじいさんの病気は、
重くなりました。
村の人たちも 心配しました。

ある日のことです。
水車屋のトルトリが、
見まいに 来ました。
「おいらの 言うとおりに したら、
おじいさんの病気は
きっと なおるよ。」
「どうしたら なおるんじゃ。」
おじいさんは、
ふとんから
顔を 出しました。
「三年とうげで、
もう一度 転ぶんだよ。」
「ばかな。
わしに、
もっと 早く 死ねと 言うのか。」

「そうじゃないんだよ。
一度　転べば、三年　生きるんだろ。
二度　転べば　六年、
三度　転べば　九年、
四度　転べば　十二年。
このように、
何度も　転べば、
ううんと　長生きできるよ。」

おじいさんは、
しばらく　考えていました。
そして、
うなずきました。
「うん、
なるほど、なるほど。」

そして、
おじいさんは、
ふとんから　はね起きました。
おじいさんは、
三年とうげに　行き、
ひっくりかえり　転びました。

そのときです。
ぬるでの木の　かげから、
おもしろい歌が　聞えてきました。

「えいやら　えいやら　えいやらや。
一ぺん　転べば　三年で、
十ぺん　転べば　三十年、
百ぺん　転べば　三百年。

こけて　転(ころ)んで　ひざ　ついて、
しりもち　ついて
でんぐりがえり、
長生(ながい)きするとは、
こりゃ　めでたい。」

ころりん、ころりん、すってんころり、
ぺったんころりん、ひょいころ、ころりんと、
転(ころ)びました。

おじいさんは、
とても　うれしくなりました。
とうげから　ふもとまで、
転(ころ)がりました。

そして、
おじいさんは、
けろっとした顔(かお)で、
言(い)いました。

「もう、
わしの病気(びょうき)は　なおった。
百年(ひゃくねん)も、二百年(にひゃくねん)も、
長生(ながい)きができる。」と、
にこにこ　わらいました。

おじいさんは、
とても　元気(げんき)になりました。
おばあさんと二人(ふたり)で、
なかよく、
幸(しあわ)せに、長生(ながい)きしました。

ところで、
ぬるでの木(き)の　かげから
歌(うた)が　聞(き)こえましたね。

「えいやら　えいやら　えいやらや。
一ぺん　転べば　三年で、
十ぺん　転べば　三十年、
百ぺん　転べば　三百年。
こけて　転んで　ひざ　ついて、
しりもち　ついて
でんぐりがえり、
長生きするとは、
こりや　めでたい。」と、
だれが　歌ったのでしょうね。

先生方へ

【国語の目標】

① 「三年とうげ」の言い伝えや「ぬるでの木のかげから聞こえた」歌を、リズミカルに音読して楽しむ。

② 「三年とうげ」で、どんな出来事があったかを話す。

③ おもしろかったところを、示したり話したりする。

【日本語の目標】

① 登場人物の行動を示す表現を動作化する。

「あわてて立ち上がる／石につまずいて転ぶ／ふとんにもぐりこむ／ふとんから顔を出す／ふとんからはねおきる／うなずく／しりもちをつく／にこにこわらう」

② 文章中の擬音・擬態語を知る。

「おそるおそる（歩く）／うっとり（する）／がたがた（ふるえる）／おいおい（なく）／ころりんと（転ぶ）／けろっと（する）／にこにこ（わらう）」

③ 慣用的表現を知る。

「ため息が出る／日がくれる／真っ青になる／病気が重くなる」

【国語の授業用語】

「おもしろかったところ／登場人物／出来事」

リライト1
小学3年

ありの　行列（説明文）

夏に、
　わたしたちは、
　　ありの　行列を　見ます。
ありの　行列は、
　巣から　えさまで
　　　つづきます。
ありは、
　目が
　　よく　見えません。
でも、
　ありの　行列が　できます。
なぜでしょうか。

アメリカに
　学者が　います。
名前は、ウイルソンです。
ウイルソンは、
　じっけんを　しました。

はじめに、
　ありの　巣の　近くに
　　さとうを　おきました。
一ぴきの　ありが、
　さとうを　見つけました。
ありは、
　巣に　帰りました。
すると、
　たくさんの　ありが、
　巣から　出て　きました。

さとうまで　ありの　行列が　できました。

たくさんの　ありは、
はじめの　ありと
同じ　道を　通りました。

つぎに、
その　道に
大きな　石を　おきました。

すると、
行列は、
石の　ところで
ばらばらに　なりました。

やっと、
一ぴきの　ありが、
石の　むこうに
道を　見つけました。

ほかの　ありも、
道を　見つけました。

また、
ありの　行列が　できました。

ありは、
さとうを　もって、
巣に　帰りました。

ありは、
帰りも
同じ　道を　通りました。

ウイルソンは、
「ありが、
地面に
道しるべを　つけた。」と、
考えました。

ウイルソンは、
ありの　体を
よく　しらべました。

すると、
ありは、
おしりから
えきを　出して　いました。
えきは、
においが　あります。

この　けんきゅうで、
ウイルソンは、
行列が　できる　わけを
知りました。

ありが、
えさを　見つけます。
そして、
ありは、
えさを　もって　帰ります。
そのとき、
地面に
えきを　つけます。
ほかの　ありは、
この　えきの　においを
かぎます。
ほかの　ありは、
においに　そって　歩きます。
帰るとき、
ほかの　ありも、
地面に　えきを　つけます。

ありは、
においを　かいで
行ったり　帰ったり　します。
だから、
ありの　行列が　できるのです。

先生方へ

【国語の目標】

① 段落がいくつあるかを知る。
② ウイルソンがした実験や研究を、文章中からさがす。
③ 順序を表す言葉を知る。
「はじめに・つぎに」

【日本語の目標】

① 連体修飾表現にふれる。
「同じ道／大きな石」
② 「～たり　～たり」の表現にふれる。
「行ったり　帰ったりします。」
③ 接続詞にふれる。
「でも／すると／また／そして／だから」

【国語の授業用語】

「段落／文／文章」

＊「段落」の説明のために音読譜を使わないリライト教材を載せています。
これを使って段落の説明をしてください。

ありの　行列

夏に、わたしたちは、ありの　行列を　見ます。ありの　行列は、巣から　えさまで　つづきます。ありは、目が　よく　見えません。でも、ありの　行列が　できます。なぜでしょうか。

アメリカに　学者が　います。名前は、ウイルソンです。ウイルソンは、じっけんを　しました。

ありの行列（説明文）

夏に、
わたしたちは、
ありの行列を
見ます。

はじめに、ありの 巣の 近くに さとうを おきました。一ぴきの ありが、さとうを 見つけました。ありは、巣に 帰りました。すると、たくさんの ありが、巣から 出て きました。さとうまで ありの 行列が できました。たくさんの ありは、はじめの ありと 同じ 道を 通りました。

次に、その 道に 大きな 石を おきました。すると、行列は、石の ところで ばらばらに なりました。やっと、一ぴきの ありが、石の むこうに 道を 見つけました。ほかの ありも、道を 見つけました。また、ありの 行列が できました。ありは、さとうを もって、巣に 帰りました。ありは、帰りも 同じ 道を 通りました。

ウイルソンは、「ありが、地面に 道しるべを つけた。」と、考えました。

ウイルソンは、ありの 体を よく しらべました。すると、ありは、おしりから えきを 出して いました。えきは、においが あります。

この けんきゅうで、ウイルソンは、行列が できる わけを 知りました。

ありが、えさを 見つけます。そして、ありは、えさを もって 帰ります。そのとき、地面に えきを つけます。ほかの ありは、この えきの においを かぎます。ほかの ありは、においに そって 歩きます。帰るとき、ほかの ありも、地面に えきを つけます。

ありは、においを かいで 行ったり 帰ったり します。だから、ありの 行列が できるのです。

ありの行列は、
ありの巣から
えさの所まで、　つづいています。

ありは、　目が
よく　見えません。
それなのに、
なぜ、
ありの行列が　できるのでしょうか。

アメリカに、
ウイルソンという　学者が　います。
ウイルソンは、
実験を　して、
ありの動きを　かんさつしました。

はじめに、
ありの巣から
少し　はなれた所に
さとうを　おきました。
しばらくすると、
一ぴきのありが、
さとうを　見つけました。
このありは、　はたらきありです。
えさを　さがしていたのです。
やがて、
ありは、
巣に　帰っていきました。
すると、
たくさんの　はたらきありが、
巣の中から　出てきました。

そして、
ありは、
列を　作って、
さとうの所まで　行きました。

たくさんのありは、
はじめのありと　同じ道すじを
通りました。

とても　ふしぎです。

次に、
この道すじに
大きな石を　おきました。
ありの行列の　じゃまを　しました。

すると、
ありの行列は、
石の所で
ばらばらに　なりました。

やっと、
一ぴきのありが、
石のむこうに
道のつづきを　見つけました。

そして、
ほかのありたちも、
道を　見つけて　歩きだしました。

また、
だんだんに、
ありの行列が　できました。

ありが、
さとうを　もって　帰るときも、
行列の道すじは、
同じでした。

これらの　かんさつから、
「ありが、
地面に
何か
道しるべを　つけた。」と、
ウイルソンは、考えました。

そこで、
ウイルソンは、
はたらきありの体を
くわしく　調べました。
すると、
ありは、
おしりから
とくべつの　えきを　出していました。
それは、
においのある　えきです。
えきは、
すぐに　じょうはつします。
この研究で、
ウイルソンは、
ありの行列が　できるわけを
知りました。

はたらきありは、
えさを　見つけて　もって帰ります。
そのとき、
はたらきありは、
地面に
道しるべの　えきを　つけながら
帰ります。

ほかの　はたらきありは、
　えきの　においを　かいで、
　道しるべの　とおりに　歩きます。

そして、
　そのありも、
　地面に
　　えきを　つけながら
　　帰ります。

それで、
　えさが　多いと
　においも　強くなります。

このように、
　はたらきありは、
　においを　かいで
　えさの所へ　行ったり
　巣に　帰ったりします。

だから、
　ありの行列が　できるのです。

先生方へ

【国語の目標】

① 「ありの行列」を読んで、初めて知ったことに線を引く。

② 段落がいくつあるかが分かる。

③ ウイルソンは、どんな実験や研究をし、何が分かったかを、文章中からさがす。（「はじめに・次に・そこで・このように」という言葉に気をつけてさがす。）

④ 実験や研究したこととその結果を、「すると」を使って、つないでいることを知る。

【日本語の目標】

① 連体修飾表現に慣れる。

「はなれた所／においのある　えき」

② 「〜たり　〜たり」の表現を知る。

「行ったり　帰ったりします。」

③　接続詞に慣れる。

「それなのに／すると／そして／そこで／それで／だから」

④ 「〜ながら」の表現を知る。

「えさをつけながら帰ります。」

⑤　慣用的表現を知る。

「目が　見える／においが　強い」

【国語の授業用語】

「段落／文／文章」

＊「段落」の説明のために音読譜を使わないリライト教材を載せています。これを使って段落の説明をしてください。

ありの行列

夏に、わたしたちは、ありの行列を　見ます。ありの行列は、ありの巣から　えさの所まで、つづいています。ありは、目が　よく　見えません。それなのに、なぜ、ありの行列が　できるのでしょうか。

アメリカに、ウイルソンという　学者が　います。ウイルソンは、実験をして、ありの動きを　かんさつしました。

はじめに、ありの巣から　少し　はなれた所に　さとうを　おきました。しばらくすると、一ぴきのありが、さとうを　見つけました。このありは、はたらきありです。えさを　さがしていたのです。やがて、ありは、巣に帰っていきました。すると、たくさんの　はたらきありが、巣の中から出てきました。そして、ありは、列を　作って、さとうの所まで　行きました。たくさんのありは、はじめのありと　同じ道すじを　通りました。とても　ふしぎです。

次に、この道すじに　大きな石を　おきました。ありの行列の　じゃまを　しました。すると、ありの行列は、石の所で　ばらばらに　なりました。やっと、一ぴきのありが、石のむこうに　道のつづきを　見つけました。そして、ほかのありたちも、道を　見つけて　歩きだしました。また、だんだんに、ありの行列が　できました。ありが、さとうを　もって　帰るときも、行列の道すじは、同じでした。

　これらの　かんさつから、「ありが、地面に　何か　道しるべを　つけた。」と、ウイルソンは、考えました。

　そこで、ウイルソンは、はたらきありの体を　くわしく　調べました。すると、ありは、おしりから　とくべつの　えきを　出していました。それは、においのある　えきです。えきは、すぐに　じょうはつします。

　この研究で、ウイルソンは、ありの行列が　できるわけを　知りました。

　はたらきありは、えさを　見つけて　もって帰ります。そのとき、はたらきありは、地面に　道しるべの　えきを　つけながら　帰ります。ほかのはたらきありは、えきの　においを　かいで、道しるべの　とおりに　歩きます。そして、そのありも、地面に　えきを　つけながら　帰ります。それで、えさが　多いと　においも　強くなります。

　このように、はたらきありは、においを　かいで　えさの所へ　行ったり巣に帰ったりします。だから、ありの行列が　できるのです。

リライト1
小学3年

モチモチの木（物語）

おくびょう　豆太

豆太は
　とても　おくびょうです。
豆太は、
　五才に　なりました。
でも、
　豆太は、
　　夜中に　一人で
　　　べんじょに　行く　ことが　できません。
べんじょは　外に　あります。

べんじょの　前には、
　大きい　モチモチの木も　あります。
モチモチの木は、
　かみの毛を　バサバサと　ふるいます。
モチモチの木は
　両手を　「わあっ。」と　あげます。
それで、
　豆太は、
　　一人で　しょうべんも　できません。
豆太は、
　夜中には　じさまに
　　ついていって　もらいます。
豆太の　お父さんは、
　くまと　たたかって、
　　しんで　しまいました。
お父さんは、
　とても　勇気が　ありました。
じさまは、
　今でも、
　　青じしを　おいかけます。
じさまも、
　とても　勇気が　あります。
どうして、
　豆太は
　　こんなに　おくびょうなので　しょうか――。

やい、木ぃ

モチモチの木は、
　豆太が　つけた
　　木の　名前です。
でっかい　でっかい　木です。

モチモチの木は、
秋に　茶色い　みを
いっぱい　おとします。
じさまは、
その　みを
もちに　します。
その　もちは、
ほっぺたが　おちるぐらい
うまいです。
昼間の　豆太は、
「やい、木ぃ、
モチモチの木ぃ、
みぃ　おとせぇ。」と、
いばって　言います。
でも、
夜の　豆太は、
もう　だめです。
モチモチの木が
両手で、「おばけぇ。」って、
おどかすからです。
夜の　豆太は、
もう　しょんべんも　出なくなります。
じさまが、
豆太を　かかえて　言います。
「ああ、いい　夜だ。
星に　手が　とどきそうだ。
おく山じゃぁ、
しかや　くまめら(たち)が、
はなぢょうちん　出して、
ねっこけて(ねむりこけて)　やがるべ。
それ、シイーッ。」

すると、
　豆太は、
　　やっと　しょんべんが　出ます。
五才に　なって
　「シー」なんて、みっともないです。
でも、
　豆太は、
　　そうしないと　だめなんです。

霜月二十日の　ばん

今夜、モチモチの木に、
　　灯が　ともる　そうです。
じさまが　言いました。
「霜月の　二十日の　うしみつにゃぁ、
　モチモチの木に　灯が　ともる。
おきてて　見てみろ。
そりゃぁ、きれいだ。
おらも、
　　子どもの　ころに
　　　見た　ことが　ある。
おまえの　おとうも　見た　そうだ。
山の　かみさまの　おまつりなんだ。
一人の　子どもだけが
　それを　見る　ことが　できる。
それも、
　勇気の　ある　子どもだけだ。」
「――それじゃぁ、
　　おらは、とっても　だめだ――。」
豆太は、
　なきそうに　言いました。

冬の　真夜中に、
豆太は、
一人で　外に　出る　ことは　できません。
豆太は、
モチモチの木を　一人で　見る　ことは　できません。
ぶるぶるです。
おしっこを　もらして　しまいそうです。
豆太は、
「昼間だったら、見てえなぁ――。」と、思いました。
豆太は、
ふとんに　もぐりこんで、
ねて　しまいました。

豆太は　見た

真夜中に、
くまの　うなり声が　聞こえました。
豆太は、
目を　さましました。
「じさまぁっ。」
豆太は、
じさまに　しがみつこうと　しました。
でも、
じさまは　いません。
「ま、豆太、心配すんな（するな）。
じさまは、
じさまは、
ちょっと
はらが　いてえ（いたい）だけだ。」
じさまは、
まくら元で、
くまみたいに　うなって　いました。
「じさまっ。」

豆太は、
こわくて、びっくりしました。
豆太は
じさまに　とびつきました。
じさまは、
ころりと　**ころがって、**
はを　食いしばって、
うなるだけです。
「医者さまを　よばなくっちゃ。」
豆太は、
体を　丸めて、
表戸を　ふっとばして、
走り出しました。
ねまきの　まんま。
はだしで。
ふもとの　村まで――。
外は　すごい星で、
月も　出ていました。
坂道は、霜で　真っ白でした。
足からは、ちが　出ました。
豆太は、
なきなき　走りました。
いたくて　さむくて、
こわかったです。
でも、
じさまが　しぬ　ほうが、
豆太は　もっと　こわかったです。
だから、
なきなき
ふもとの　**医者さまへ　走りました。**
年よりの　医者さまは、
豆太から
じさまの　ことを　聞きました。

医者さまは、
「おう、おう——。」と　言って、
くすりばこと　**豆太を　おぶいました。**
医者さまは、
真夜中の　とうげ道を
えっちら　おっちら　上ってきました。
じさまの　小屋へ　上ってきました。
とちゅうで、
雪が　ふりはじめました。
この　冬
はじめての　雪です。
豆太は、
じさまが　しぬような
気が　しました。
それで、
豆太は、
医者さまの　こしを、
ドンドン　けとばしました。
豆太は、
小屋へ　入る　とき、
ふしぎな　ものを　見ました。
「モチモチの木に、
灯が　ついて　いる。」
でも、
医者さまは、言いました。
「あ、ほんとだ。
まるで、
灯が　ついたようだ。
だども、
あれは、
とちの　木の　後ろに　**月が　出て、**
えだの　間に　**星が　光ってるんだ。**

そこに
　雪が　ふってるから、
　　明かりが　ついたように　見えるんだべ（のだろう）。」

そして、
　医者さまは、
　　小屋に　入って　しまいました。

だから、
　豆太は、その後は　知りません。

豆太は、
　医者さまの　てつだいで、
　　いそがしかった　からです。

弱虫でも、やさしけりゃ

つぎの　朝、
　じさまは　元気に　なりました。
じさまは　言いました。

「おまえは、
　山の　かみさまの　まつりを　見たんだ。
モチモチの木には
　灯が　ついたんだ。

おまえは、
　夜道を　一人で、
　　医者さまを　よびに　行った。

おまえは、
　勇気の　ある　子どもだったんだ。

自分で　自分を
　弱虫だなんて　思うな。

人間は、
　やさしさが　あれば、
　　なんでも　できるもんだ。

それを　見て、
　他人が　びっくりするんだ。
は、は、は。」
――でも、
　豆太は、
　　その　ばんから、
「じさまあ。」と、
　しょんべんに　じさまを
　　おこしました　とさ。

先生方へ

【国語の目標】

① 場面ごとのあらすじを知る。

② 「豆太」がおくびょうだと分かるところに線を引く。

③ 「豆太」が、灯のついたモチモチの木を見ることができたのは、なぜかを知る。

【日本語の目標】

① 擬音・擬態語にふれる。

「バサバサと（ふるって）／（それ）シイーッ／「シー」／ぶるぶるです／ころりと（ころがって）／ドンドン（けとばしました）」など

② 接続詞にふれる。

「でも／それで／すると／だから／そして」

③ 慣用的表現にふれる。

「ほっぺたが　おちるぐらい　うまい／はを　食いしばって」

【国語の授業用語】

「作者／場面／登場人物／行動／会話」

リライト2
小学3年

モチモチの木（物語）

おくびょう豆太

全く
　豆太ほど　おくびょうな　やつは　いない。
豆太は、
　もう　五つに　なったんだから、
　　夜中に　一人で　せっちんぐらい　行けてもいい。
せっちんは　外にあるし、
　大きい　モチモチの木も　つっ立っている。
モチモチの木は
　空いっぱいの　かみの毛を　バサバサと　ふるう。
そして、
　両手を　「わあっ。」と　あげるから
　　　　　　　　　豆太は　こわいのだ。

だから、
　豆太は
　　　じさまに　ついていって　もらうのだ。
そうしないと、
　豆太は
　　夜中には　一人で　しょうべんが　できないのだ。
真夜中に
　豆太が　「じさまぁ。」って、
　　　　　小さい声で　言う。
じさまは、
　　「しょんべんか。」と
　　　すぐ　目を　さましてくれる。
いっしょに　ねている　ふとんを
　　　　ぬらされるより　いいからなぁ。

それに、
豆太が　かわいそうで　かわいいのだろう。
とうげの　りょうし小屋に
じさまと　豆太は、
たった二人で　くらしているからだ。
けれど、
豆太の　おとうは、
きもすけだった。
くまと　たたかって、
死んでしまったんだ。
じさまも、
六十四才の今、
青じしを　追いかけている。
きもを　ひやすような岩から　岩へ
見事に　とびうつる。
それなのに、
どうして　豆太だけが、
こんなに　おくびょうなんだろうか――。

やい、木ぃ

モチモチの木って　いうのは、
豆太が　つけた名前だ。
小屋の　すぐ前に　立っている
でっかい　でっかい　木だ。
秋になると、
茶色い　ぴかぴか光った　実が
いっぱい　落ちる。
じさまは、
その実を　石うすで　こなに　する。
こなを　もちに　して　食べる。
もちは、
ほっぺたが　落ちるほど　うまいんだ。

「やい、木ぃ、
モチモチの木ぃ、
実ぃ　落とせぇ。」と、
豆太は、
昼間　木の下で　足ぶみして、
いばって　さいそくしている。
それなのに、
夜になると、
もう　だめなんだ。
木が　おこって、
両手で、
「お化けぇ。」って、
上から　おどかすんだ。
豆太は
夜の　モチモチの木を　見ると、
もう、しょんべんなんか　出なくなっちまう。
じさまが、しゃがんで
豆太を　かかえて　言ってくれる。
「ああ、いい夜だ。
星に　手がとどきそうだ。
おく山じゃぁ、
しかや　くまめらが、
鼻ぢょうちん　出して、
ねっこけて　やがるべ。
それ、シイーッ。」って。
じさまが、そう　言ってくれなきゃ、
豆太は、
しょんべんなんか　とっても　出やしない。
しょんべんを　しないで　ねると、
あしたの朝、
ふとんの中が　こうずいに　なっちまう。

だから、
　じさまは、
　　かならず、　豆太を　かかえて
　　　　言ってくれるんだ。
五つに　なって
　「シー」なんて、
　　みっともないやなぁ。
でも、
　豆太は、
　　そう　しなくっちゃ　だめなんだ。

霜月二十日の　ばん

今夜は、
　モチモチの木に、
　　灯が　ともる　ばん　だそうだ。
じさまが　言った。
「霜月の二十日の　うしみつにゃぁ、
　モチモチの木に　灯が　ともる。
起きてて　見てみろ。
そりゃぁ、きれいだ。
おらも、
　子どもの　ころに　見たことがある。
死んだ　おまえの　おとうも
　　　　見たそうだ。
山の神様の　お祭りなんだ。
それは、
　一人の子どもしか、
　　見ることは　できねえ。
それも、
　勇気のある　子どもだけだ。」
「――それじゃぁ、
　　おらは、とっても　だめだ――。」

豆太は、
　ちっちゃい声で
　　なきそうに　言った。

だって、
　じさまも　おとうも　見たんなら
　　　自分も　見たかった。

けれど、
　冬の真夜中に　外で、
　　モチモチの木を
　　　たった一人で　見るなんて
　　　　とんでもねえ　話だ。
　　　　　ぶるぶるだ。

モチモチの木は
　どの　えだにも　灯が　ともって、
　　明るく　ぼうっと　かがやく。
まるで　ゆめみてえに　きれいなんだ　そうだ。
豆太は、
「昼間だったら、見てえなぁ――。」と　そっと思った。
でも、
　ぶるぶる、
　　夜なんて　考えただけでも、
　　　おしっこを　もらしちまいそうだ――。

豆太は、
　はじめっから　あきらめて、
　　ふとんに　もぐりこんだ。
　よいの口から　ねてしまった。

豆太は　見た

豆太は、
　真夜中に、
　　ひょっと　目をさました。

頭の上で、
　くまの　うなり声が　聞こえたからだ。
「じさまぁっ。」
豆太は、
　　むちゅうで
　　　じさまに　しがみつこうとした。
でも、じさまは　いない。
「ま、豆太、心配すんな。
　じさまは、じさまは、
　　ちょっと
　　　　はらが　いてえ　だけだ。」
じさまは、まくら元で、
　くまみたいに　体を丸めて
　　　　　うなっていた。
「じさまっ。」
豆太は、
　こわくて、びっくらして、
　　　じさまに　とびついた。
けれども、
　じさまは、
　　ころりと　たたみに　転げて、
　　　　　　歯を　食いしばった。
じさまは、
　　　ますます　すごく　うなるだけだ。
「医者様を　よばなくっちゃ。」
豆太は、
　小犬みたいに　体を　丸めて
　　表戸を　ふっとばして
　　　　走りだした。
豆太は、ねまきの　まんま。
はだしで。
半道もある　ふもとの村まで――。

外は　すごい星で、
月も　出ていた。
とうげの　下りの坂道は、
霜で　真っ白だった。
霜が　足に　かみついた。
足からは、血が　出た。
豆太は、なきなき　走った。
いたくて、寒くて、こわかったからなぁ。
でも、
大すきな　じさまの　死んじまう　ほうが
豆太は　もっと　こわかった。
それで、
豆太は　なきなき　ふもとの医者様へ　走った。
年よりの　医者様は、
豆太から　じさまの　ことを　聞いた。
医者様は、
「おう、おう――。」と　言って、
ねんねこばんてんに
薬箱と　豆太を　おぶった。
真夜中の　とうげ道を
えっちら　おっちら
じさまの小屋へ　上ってきた。
とちゅうで、
月が　出ているのに、
雪が　ふり始めた。
この冬　はじめての雪だ。
豆太は、
それを　ねんねこの　中から　見た。
豆太は、
医者様の　こしを、
足で　ドンドン　けとばした。
じさまが　死んじまいそうな
気が　したからな。

豆太は、
小屋へ入るとき、
もう一つ　ふしぎな　ものを　見た。
「モチモチの木に、灯が　ついている。」
けれど、
医者様は、
「あ、ほんとだ。
まるで、
灯が　ついたようだ。
だども、
あれは、とちの木の　後ろに
ちょうど　月が　出てきて、
えだの間に　星が　光ってるんだ。
そこに　雪が　ふってるから、
明かりが　ついたように　見えるんだべ。」と　言った。
そして、
医者様は、
小屋の中に　入ってしまった。
だから、
豆太は、
その後は　知らない。
豆太も
医者様の　てつだいを　した。
かまどに　まきを　くべたり、
湯を　わかしたり　なんだり（などして）、
いそがしかったからな。

弱虫でも、やさしけりゃ

次の朝、
じさまは、元気になって　言った。
「おまえは、
山の神様の　祭りを　見たんだ。

モチモチの木には、灯が　ついたんだ。
おまえは、
　夜道を　一人で
　　医者様を　よびに　行けたんだ。
　　勇気のある　子どもだったんだからな。
自分で　自分を
　弱虫だなんて　思うな。
人間、
　やさしささえ　あれば、
　　　きっと　やるもんだ。
やらなきゃ　ならねえことは、
　　　きっと　やるもんだ。
それを見て、
　他人が　びっくらするんだよ。
は、は、は。」
――それでも、じさまが　元気になると、
　豆太は、そのばんから、
「じさまぁ。」と、
　しょんべんに　じさまを　起こしたとさ。

先生方へ

【国語の目標】

① 語り手が「豆太」を「おくびょう」だと語っているところにすべて線を引く。

② なぜ「豆太」は、灯のついたモチモチの木を見ることができたのかを考える。

③「じさま」が元気なときと、「じさま」が病気のときの「豆太」の違いについて考える。（最後の一文にも着目して考える。）

【日本語の目標】

① 擬音・擬態語を知る。

「バサバサと（ふるう）／ぴかぴか（光った）／（それ）シイーッ／「シー」／ぶるぶるだ／ころりと（たたみに　転げて）／えっちら　おっ

ちら（〜上ってきた）／ドンドン（けとばした）」など

② 慣用的表現を知る。

「きもを　ひやすような岩／ほっぺたが　落ちるほど　うまい／歯を　食いしばった」

③「〜と、〜」の表現を知る。

「秋になると、〜実が　いっぱい　落ちる／夜になると、もう　だめなんだ／モチモチの木を　見ると、〜しょんべんなんか　出なくなっちまう／しょんべんを　しないで　ねると、〜こうずいに　なっちまう」

④ 授受表現にふれる。

「目を　さましてくれる／じさまに　ついていって　もらうのだ／豆太をかかえて　言ってくれる／言ってくれなきゃ／言ってくれるんだ」

⑤ 擬人化の表現に慣れる。

「モチモチの木は　空いっぱいの　かみの毛を　バサバサと　ふるう。そして、両手を「わあっ。」と　あげる／木が　おこって、両手で、「お化けぇ。」って、上から　おどかす／霜が　足に　かみついた」

⑥「〜（だ）から〜」の表現を知る。

「もう　五つに　なったんだから、〜行けてもいい／両手を　「わあっ。」と　あげるから　豆太は　こわいのだ／雪が　ふってるから、明かりが　ついたように　見えるんだべ」

【国語の授業用語】

「作者／登場人物／語り手／行動／会話／様子」

リライト1
小学4年

アップと　ルーズで　伝える（説明文）

テレビで　サッカーを　して　います。

今は　ハーフタイムです。

テレビに　会場全体が　うつって　います。

選手たちは、
コートで
体を　うごかして　います。

おうえんせきは、
チームカラーの　ふくの　おきゃくさんで
まんいんです。

みんな、
後半の　かいしを
まって　います。

いよいよ
後半が　はじまります。

画面は、
ひとりの　選手を
うつしました。

この　選手は、
ホイッスルと　同時に
ボールを　けります。

選手は、
顔を　上げて　います。
ボールを　ける　方向を
見て　います。

はじめの　画面を
「ルーズ」と　いいます。
「ルーズ」は、
広く　うつします。

つぎの　画面を
「アップ」と　いいます。
「アップ」は、
一部分を
大きく　うつします。

何かを　つたえるとき、
アップと　ルーズを
えらんだり、
組み合わせたり　します。
それが　大切です。
アップと　ルーズでは、
どんな　ちがいが　あるのでしょう。

アップの　シーンを
見て　みましょう。
選手が
ゴールを　きめました。
その　選手が
両手を　広げて　走って　います。
選手の　ひたいに
あせが　光って　います。
選手は
口を　大きく　あけて　います。
とても　よろこんで　います。
アップで　とると、
その　選手の　様子が
よく　分かります。

しかし、
アップでは、
ほかの　選手の　様子は、
分かりません。
おうえんせきの　様子も
分かりません。

ルーズの　シーンを
見て　みましょう。
試合が　おわりました。

画面は、
　かった　チームの　おうえんせきです。
おきゃくさんは
　みんな　立ち上がって　います。
　はたを
　　大きく　ふって　います。
選手たちは
　おきゃくさんに
　　手を　あげて　います。
選手と　おうえんした　人たちとが
　いっしょに　よろこんで　います。
ルーズで　とると、
　広い　はんいの　様子が
　　よく　分かります。
でも、
　選手の　顔つきは
　　よく　分かりません。
選手の　気持ちも、
　よく　分かりません。

このように、
　アップと　ルーズには
　　つたえられる　ことと
　　つたえられない　ことが　あります。
それで、
　テレビでは、
　　目的に　合わせて
　　　アップと　ルーズで
　　　　ほうそうします。
しゃしんも、
　アップと　ルーズが　あります。

新聞では、
アップや　ルーズの　しゃしんを
多く　とって　います。

そして、
目的に　いちばん　合う　しゃしんを
つかって　います。

同じ　場面でも、
アップと　ルーズでは
つたわる　内容が　かわります。

だから、
つたえる人は、
アップと　ルーズを
えらんだり、
組み合わせたり　するのです。

みなさんも、
クラスの　友達や
学校の　みんなに
つたえたい　ことが　あるでしょう。

その　とき、
アップと　ルーズを
思い出しましょう。

あなたは、
アップと　ルーズで
みんなに　分かりやすく、
つたえる　ことが　できるでしょう。

先生方へ

【国語の目標】

① この文章が、いくつの段落からできているか分かる。
②「アップ」と「ルーズ」の写真について説明している段落を知る。
③ 筆者の考えを知る。

【日本語の目標】

①「～たり、～たり」の表現にふれる。
「アップと　ルーズを　えらんだり、組み合わせたり　します」

②　接続詞にふれる。
「しかし／でも／それで／そして／だから」

③　願望「～たい」の表現にふれる。
「つたえたい」

【国語の授業用語】

「筆者／段落／内容」

リライト2　小学4年

アップとルーズで伝える（説明文）

テレビで
　サッカーの試合を
　　放送しています。

今は　ハーフタイムです。

もうすぐ
　後半が　始まります。

テレビには
　会場全体が　うつっています。

両チームの　選手たちは、
　コート全体に　広がっています。

そして、
　みんな
　　体を　動かしています。

観客席は　ほぼ　まんいんです。

おうえんする人は、
　チームカラーの
　　洋服を　着ています。

会場全体が
後半の　開始を　待っています。

いよいよ　後半が　始まります。
コートの中央に立つ　選手が
画面に　うつりました。
ホイッスルと　同時に
ボールを　ける　選手です。
選手は
顔を　上げて、
ボールを　ける　方向を
見ています。

初めの画面を
「ルーズ」と　いいます。
広い　はんいを　うつします。
次の　画面を
「アップ」と　いいます。
ある部分を　大きく　うつします。
何かを　伝えるとき、
大切なことが　あります。
アップと　ルーズを
選んだり、
組み合わせたり　することです。
アップと　ルーズでは、
どんな　ちがいが　あるのでしょう。

アップのシーンを
見てみましょう。
ゴールを決めた　選手が
両手を広げて　走っています。
選手の　ひたいは、
あせで　光っています。

選手は、
口を　大きく　開けて、
全身で　喜びを　表しています。

アップで　とると、
選手の　細かい部分が
よく分かります。

しかし、
相手チームの　選手の様子は、
アップでは　分かりません。
それぞれの　おうえん席の様子も
アップでは　分かりません。

ルーズのシーンを
見てみましょう。
試合が　終わった　ばかりです。
勝ったチームの　おうえん席が
うつっています。
観客は　立ち上がっています。
旗を　ふっています。
選手たちは
観客に　手を　あげています。
選手と　おうえんした人たちが
いっしょに
しょうりを　よろこんでいます。
ルーズでとると、
広い　はんいの様子が　よく分かります。
でも、
それぞれの選手の
顔つきや　視線、気持ちまでは、
あまり　分かりません。

このように、
　アップにも　ルーズにも
　伝えられることと
　伝えられないことが　あります。

それで、
　テレビでは、
　　たくさんのカメラを
　　　使います。
目的に　合わせて
　アップと　ルーズを
　切りかえながら　放送します。

写真にも、
　アップと　ルーズが　あります。
新聞では、
　伝えたい内容に　合わせて、
　アップか　ルーズの写真を　使っています。
アップと　ルーズの写真を
　組み合わせることも　あります。
取材のとき、
　多くの　写真を　とっています。
　いろいろな　角度や
　　きょりから　とっています。

そして、
　その中から
　目的に　いちばん合うものを
　　使います。

同じ場面でも、
　アップと　ルーズで
　伝わる内容が　変わります。

だからこそ、
　送り手（伝える人）は
　　伝えたいことに　合わせて
　　　アップと　ルーズを
　　　　選んだり、
　　　　組み合わせたり　するのです。

みなさんも、
　学校やクラスの　みんなに
　　何かを　伝えたいと
　　　思うことが　あるでしょう。

そのときには、
　「アップ」と「ルーズ」が　あることを
　　　　　思い出しましょう。

そうすると、
　あなたの　伝えたいことを
　　分かりやすく
　受け手に　とどけることが　できるでしょう。

先生方へ

【国語の目標】

① 本文中から問いかけの文を見つける。
② 「アップ」と「ルーズ」を対比して、伝えられることと伝えられないことが分かる。
③ 第六段落の「このように」は、どの段落の内容をまとめているかが分かる。
④ 第八段落は、他の段落とどのような関係があるか分かる。
⑤ 筆者の考えが分かる文を抜き出すことができる。

【日本語の目標】

① 連体修飾表現を知る。
「コートの中央に立つ　選手／ボールを　ける　選手／ゴールを決めた選手」など

② 「〜を〜と　いいます」の表現を知る。
「初めの画面を　「ルーズ」と　いいます。／次の画面を　「アップ」と
いいます。」

③ 「〜られる」の表現を知る。
「伝えられることと　伝えられないことが　あります。」

④ 「伝える」と「伝わる」の違いを知る。
「伝えたい内容／伝わる内容」など

【国語の授業用語】
「筆者／段落／内容／対比」

リライト1　小学4年

一つの　花（物語）

「一つだけ　ちょうだい。」

これは、
**　ゆみ子の　ことばです。**

ゆみ子は、
　この　ことばを
　　すぐに
　　　おぼえました。

日本は、
**　せんそうを**
**　　していました。**

おまんじゅうや
キャラメルや
チョコレートは、
　ありませんでした。

お米も
　あまり　ありませんでした。

いもや
まめや
かぼちゃを
　食べました。
毎日、
　ばくだんが　おちました。
町が　やけました。

ゆみ子は、
　いつも
　　おなかが　ぺこぺこでした。
「もっと、もっと。」
ゆみ子は、
　いつも　言いました。
「じゃあね、一つだけよ。」と、
　ゆみ子の　お母さんは、言いました。
お母さんは、
　ゆみ子に
　お母さんのを　あげました。
「一つだけ――。
　一つだけ――。」と、
　お母さんは、
　　いつも　言いました。

ゆみ子は、
　すぐに
　　この　ことばを　おぼえました。

お母さんが　言いました。
「ゆみ子は、かわいそうね。
　いつも
　一つだけ　ちょうだい　だね。」
お父さんが、
　ためいきを　つきました。

「ゆみ子は、
いつも
一つだけ　だね。
ゆみ子は、
ぜんぶ　ちょうだい　と
言わないね。
かわいそうだね。」
そんなとき、
お父さんは、
いつも
ゆみ子を
力いっぱい
高い高い　しました。

もうすぐ
ゆみ子の　お父さんも、
せんそうに　行きます。

ゆみ子と　お母さんは、
お父さんを
遠くの　えきまで
おくって　いきました。
お母さんは、
ゆみ子を　おんぶしました。
お母さんは、
おにぎりを　もって　いきました。
ゆみ子は、言いました。
「一つだけ　ちょうだい。
おにぎり、
一つだけ　ちょうだい。」

えきに　つくまでに
おかあさんは、
おにぎりを
ぜんぶ　あげました。

お母さんは、
お父さんに
ゆみ子の　なき顔を
見せたくなかったのです。

えきには、
人が　たくさん　いました。
ばんざいの　声や
軍歌が　聞こえました。
ゆみ子と　お母さんと　お父さんは、
プラットホームの　はしに　いました。
ゆみ子は、
また　言いました。
「一つだけ　ちょうだい。」
お父さんが　言いました。
「ゆみ子に、
おにぎりを
ぜんぶ　あげて。」
「もう
みんな　食べちゃったの。」と、
お母さんが　言いました。
ゆみ子は、
「一つだけ。
一つだけ。」と、
言って　なきました。

お父さんは、
プラットホームの　はしで、
コスモスを　見つけました。

お父さんは、
　コスモスの　花を
　　一つ　とりました。
お父さんは、言いました。
「ゆみ。
　さあ、
　　一つだけ　あげよう。
一つだけの　お花、
　　　だいじにしてね。」
ゆみ子は、
　お父さんに
　　花を　もらいました。
ゆみ子は、
　とても　よろこびました。
お父さんは、
　にっこり　わらいました。
そして、
　汽車に　のりました。
お父さんは、
　ゆみ子の　一つの　花を
　　じっと　見て　いました。
お父さんは、
　せんそうに
　　行きました。

十年　たちました。
ゆみ子は、
　お父さんを　おぼえて　いません。
ゆみ子の　小さな　家に、
　コスモスが
　　いっぱい　さいて　います。

家から
ミシンの　音が
ずっと　聞こえて　います。

ゆみ子が、
コスモスの　中から
言いました。

「お母さん、
お肉と　お魚と
どっちが　いいの。」

ミシンの　音が
しばらく　とまりました。

また
ミシンの　音が　聞こえました。
コスモスの　中から
ゆみ子が　出て　きました。
ゆみ子は、
スキップを　して　います。

ゆみ子は、
町へ
買いものに　行きます。

今日は、
日曜日です。
ゆみ子が
お昼ごはんを　作ります。

今日、
ゆみ子は、
小さな　お母さんです。

先生方へ

【国語の目標】

① 登場人物は、誰かが分かる。

② 物語のどんな場面が心に残ったかを指し示す。

③ ゆみ子が、どうして「一つだけ　ちょうだい。」という言葉を覚えたのかを知る。

④ 戦争中と戦争後の場面を比較して、どんな違いがあるかが分かる。

【日本語の目標】

① 授受表現にふれる。
「あげました／もらいました」など

② 擬音・擬態語にふれる。
「（おなかが）ぺこぺこだ／にっこり（わらう）」

③ 慣用的表現にふれる。
「ためいきを　つく／高い高い　する」

④ 引用表現にふれる。
「〜と、お母さんは　言いました／〜と、言って　なきました」

【国語の授業用語】

「物語／作者／登場人物／場面」

リライト2　小学4年

一つ（ひと）の花（はな）（物語）

「一つ（ひと）だけ　ちょうだい。」

これは、ゆみ子（こ）が　はっきり　覚（おぼ）えた
最初（さいしょ）の言葉（ことば）でした。

まだ　戦争（せんそう）が
はげしかったころの　ことです。

そのころ、
　おやつは、ありませんでした。
食べる物は、
　おいもや　豆や　かぼちゃだけでした。
お米も　あまり　ありませんでした。
毎日、
　てきの飛行機が
　　ばくだんを　落としました。
町が　焼けました。

ゆみ子は、
　いつも　おなかが　すいていました。
ご飯のときも、
　おやつのときも、
　　「もっと　もっと。」と、
　　　言いました。

すると、
「じゃあね、
　一つだけよ。」と、
　　ゆみ子のお母さんは、言いました。
そして、
　自分のを一つ、
　　ゆみ子に　分けてくれました。
「一つだけ――。
　一つだけ――。」
これが、
　お母さんの口ぐせに　なりました。
ゆみ子は、
　お母さんの　この口ぐせを
　　覚えたのです。

「なんで　かわいそうな子でしょうね。
一つだけ　ちょうだいと　言うと、
なんでも　もらえると
思ってるのね。」

お母さんが　言いました。

すると、
お父さんが、
ため息をついて
言いました。

「この子は、
一生、
みんな　ちょうだいと
言うことが　ないんだね。

かわいそうだね。
どんな子に　育つだろう。」

そんなとき、
お父さんは、
いつも
ゆみ子を
力一杯
高い高いするのでした。

ゆみ子のお父さんも、
戦争に行く日が
来ました。

お父さんが戦争に行く日、
ゆみ子は、
遠くの駅まで
送っていきました。

お母さんに　おぶわれて、
行きました。

ゆみ子は、
お母さんが作った防空頭巾を
かぶっていました。
お母さんは、
おにぎりを　持っていきました。
「一つだけ　ちょうだい、
おにぎり、
一つだけ　ちょうだい。」と、
ゆみ子は、言いました、
お母さんは、
駅に　着くまでに
みんな　あげてしまいました。
お母さんは、
お父さんに
ゆみ子の泣き顔を
見せたくなかったのです。

駅には、
戦争に行く人が
たくさん　いました。
ばんざいの声や
軍歌が　聞こえました。
ゆみ子と　お母さんと　お父さんは、
プラットホームの　はしに　いました。
お父さんは、
ゆみ子を　だいていました。
ところが、
また
ゆみ子の「一つだけ　ちょうだい。」が
始まりました。
「みんな　おやりよ、
母さん。
おにぎりを――。」

お父さんが　言いました。
「ええ、　もう　食べちゃったんですの――。」
お母さんは、　ゆみ子を　あやしました。
でも、
ゆみ子は、
「一つだけ。
一つだけ。」と言って、
泣きだしました。

お父さんが　急に　いなくなりました。
すぐに
お父さんは、　コスモスの花を　もって帰ってきました。
「ゆみ。
さあ、
一つだけ　あげよう。
一つだけのお花、
大事にするんだよう――。」
ゆみ子は、
お父さんに　花を　もらって、　喜びました。
ゆみ子は、
キャッキャッと　足を　ばたつかせて、　喜びました。
お父さんは、
にっこり　笑いました。

お父さんは、
何も言わないで、
汽車に乗って
行ってしまいました。
ゆみ子の一つの花を
見つめながら——。

十年がすぎました。
ゆみ子は、
お父さんの顔を
覚えていません。
でも、
今、
ゆみ子の　小さな家には、
コスモスの花が
いっぱい　さいています。

そこから、
ミシンの音が、
ずっと　聞こえてきます。
はやくなったり、
おそくなったり、
まるで
何か　お話をしているみたいです。
「お母さん、
お肉とお魚と
どっちがいいの。」と、
ゆみ子の声が、
コスモスの中から
聞こえてきました。
すると、
ミシンの音が
しばらく　やみました。

また
　ミシンの音が
　　いそがしく　始まりました。
ゆみ子が、
　スキップを　しながら、
　　コスモスのトンネルから
　　　出てきました。
ゆみ子は、
　買い物かごを　持っています。
そして、
　ゆみ子は、
　　町の方へ　行きました。
今日は、日曜日です。
ゆみ子が、
　お昼を作る日です。
ゆみ子は、
　小さな　お母さんです。

先生方へ

【国語の目標】

① 登場人物は、誰かが分かる。
② 物語を読んで、心に残ったところを話す。
③ ゆみ子が「一つだけ　ちょうだい。」という言葉を覚えたのはなぜか、分かる。
④ 戦争中と戦争後の場面を比較して、気づいたことを話す。
⑤「一つの花」という題名は、この物語のどんなところからつけられたかが分かる。

【日本語の目標】

① 連体修飾表現を知る。
「ゆみ子がはっきり覚えた最初のことば／戦争がはげしかったころ／お父さんが戦争に行く日／お母さんが作った防空頭巾／ゆみ子がお昼を作る

日」

② 慣用的表現を知る。

「おなかがすく／ため息をつく」

③ 接続詞が分かる。

「すると／そして／ところが／でも」

④ 授受表現を知る。

「分けてくれました／なんでももらえる／あげてしまいました」など

⑤ 「まるで〜みたい」の表現を知る。

「まるで何かお話をしているみたいです。」

⑥ 「〜ながら〜」の文を知る。

「スキップをしながら、コスモスのトンネルから出てきました。」

【国語の授業用語】

「物語／登場人物／場面／様子／行動／くらべる／題名／心に残ったこと」

リライト1 小学4年

ごんぎつね（物語）

1

むかし、
　山に、
　　きつねが　いました。
なまえは、「ごん」です。
ごんは、
　あなの　中に　すんで　いました。
ごんは、ひとりぼっちでした。
ごんは、
　夜も　昼も
　　いたずらを　しました。

秋、
　雨が　ふりました。
雨は、
　二、三日　つづきました。
ごんは、
　ずっと
　　あなに　いました。
雨が　やみました。
ごんは、
　ほっと　しました。
ごんは、
　あなから　出ました。
空は、
はれて　いました。
鳥が　鳴いて　いました。
ごんは、
　川へ　行きました。
川の　水が
　ふえて　いました。
川の　中に、
　人が　いました。
ごんは、
　かくれました。
ごんは、
　「兵十だな。」と、
　　思いました。

兵十は、
　魚を　とって　いました。
　うなぎを　とりました。
うなぎを　びくに　入れました。

兵十は、
川から　上がりました。
びくを　おきました。

そして、
兵十は、
川上へ
行きました。

ごんは、
ちょっと
いたずらが　したく　なりました。

ごんは、
びくの　中の　魚を
川へ　なげました。

でも、
うなぎは、
すべって　つかめません。

ごんは、
うなぎを　くわえました。

うなぎは、
ごんの　首に　まきつきました。

そのとき、
兵十が、かえって　きました。

ごんは、
びっくり　しました。

うなぎは、
首から　はなれません。

ごんは、
そのまま　にげました。

2

十日　たちました。

ごんは、
村へ　行きました。
兵十の　家に
人が
たくさん　いました。
「ああ、そうしきだ。
だれが
しんだんだろう。」と、
ごんは、思いました。

昼、
ごんは、
おはかへ　行きました。
ごんは、かくれて　いました。
そうしきの　行列が
来ました。
兵十が　います。
兵十は、
とても　かなしそうです。
ごんは、思いました。
「兵十の　おかあさんが
しんだんだな。」

夜、
ごんは、
あなの　中で　考えました。
「兵十の　お母さんは、
びょうき　だったんだ。
うなぎを　食べたいと　言ったんだ。
でも、
おれが、いたずらをした。

それで、お母(かあ)さんは、うなぎを 食(た)べることが できなかった。

そして、お母(かあ)さんは、しんだ。

いたずらを して わるかった。」

3

兵十(ひょうじゅう)は、お母(かあ)さんと 二人(ふたり)で くらして いました。

兵十(ひょうじゅう)は、ひとりぼっちに なりました。

ごんは、「兵十(ひょうじゅう)も おれも ひとりぼっちだ。」と、思(おも)いました。

魚(さかな)やが きました。

ごんは、魚(さかな)やの いわしを とりました。

ごんは、いわしを 兵十(ひょうじゅう)の 家(いえ)へ なげ入(い)れました。

ごんは、「一(ひと)つ いい ことを した。」と、思(おも)いました。

つぎの　日、
ごんは、
兵十の　家へ
行きました。

ごんは、
くりを　もって　いきました。

ごんは、
家の　中を
のぞきました。

兵十は、
ほっぺたに
けがを　しています。

兵十が、
ひとりごとを　言いました。

「だれが、
いわしを
家に　なげ入れたんだろう。

魚やは、
おれを
どろぼうだと　言った。

それで、
魚やは、
おれを　なぐったんだ。」

ごんは、
わるかったと　思いました。

ごんは、
そっと
くりを　おきました。

つぎの　日も

つぎの　日も、

ごんは、

兵十の　家へ

行きました。

くりを　もって　いきました。

その　つぎの　日、

ごんは、

まつたけも

もって　いきました。

4

月が　きれいでした。

ごんは、

村に　行きました。

そのとき、

兵十と　加助が　来ました。

ごんは、かくれました。

兵十が　言いました。

「このごろ

とても　ふしぎなんだ。」

加助が　言いました。

「なにが。」

「だれかが、

くりや　まつたけを　くれるんだ。」

「ふうん、

だれが。」

「それが、分からないんだ。」

「へんだなあ。」

ごんは、

こっそり

ついて　いきました。

5

加助が　言いました。
「おれは、
考えたんだ。
かみさまが
くりや　まつたけを
くれるんだよ。」
「そうかなあ。」
「そうだよ。
まい日、
かみさまに
おれいを　言うんだよ。」

ごんは、思いました。
「おれが、
くりや　まつたけを
もって　いったんだ。
でも、
かみさまに
おれいを　言うなんて。」
ごんは、
いやだと　思いました。

6

また　つぎの　日も、
ごんは、
くりを　もって　いきました。
兵十は、
ものおきに　いました。

ごんは、
こっそり
家へ　入りました。

そのとき、
兵十は、
ごんを　見ました。
兵十は、
「ごんが
また
いたずらを　する。」と、
思いました。
「ようし。」
兵十は、
てっぽうを　もちました。
ごんは、
家を　出ようと　しています。
兵十は、
ごんを　うちました。

ごんは、
ばたりと
たおれました。
兵十は、
ごんの　そばに
かけよりました。
家の　中に
くりが
おいて　ありました。
「おや。」
兵十は、びっくりしました。

「ごん。
おまえが
いつも
くりを　くれたのか。」

ごんは、
ぐったり　して　いました。

ごんは、
目を　つぶったまま
うなずきました。

兵十は、
てっぽうを
おとしました。

てっぽうから
けむりが、
まだ　出ていました。

先生方へ

【国語の目標】

① この物語のおもしろかったところを指し示す。

② ごんが、どんないたずらをしたか、また、そのつぐないに何をしたかが分かる。

③ ごんは、どうして兵十にうたれたかが分かる。

【日本語の目標】

① 引用の表現にふれる。
「〜と思いました／〜と言った」

② 慣用的表現を知る。
「十日　たつ／目を　つぶる」

③ 擬音・擬態語にふれる。
「ほっと（する）／そっと（おく）／こっそり（ついていく）／ばたりと（たおれる）／ぐったり（する）」

④ 接続詞にふれる。

「でも／それで／そして」
【国語の授業用語】
「物語／場面」

リライト2 小学4年

ごんぎつね（物語）

1

これは、
　むかしの　お話です。
村から　はなれた山の中に
　きつねが　住んでいました。
名前は、「ごん」です。
ごんは、
　ひとりぼっちの　小ぎつねです。
ごんは、
　森の中に
　　あなを　ほって
　　　住んでいました。
夜も　昼も
　村へ　行って、
　いたずらを　しました。
畑の　いもを　ほったり、
葉っぱに　火を　つけたり、
とうがらしを　とったり
　　　しました。
ある秋のことでした。
二、三日
　雨が　ふりました。

ごんは、外へ　出られませんでした。

ごんは、あなに　しゃがんで　いました。

雨が　やみました。

ごんは、ほっとして　あなから　はい出ました。

空は、晴れて、鳥が　鳴いて　いました。

ごんは、村の小川へ　行きました。

川の水が　どっと　ふえて　いました。

ごんは、川下の方へ　行きました。

川の中に、人が　いました。

ごんは、「兵十だな。」と、思いました。

ごんは、草に　かくれて　見て　いました。

兵十は、魚を　とって　いました。

うなぎや　きすを　とりました。

兵十は、
うなぎを
びくに　入れました。
兵十は、
川から　上がり、
びくを　置きました。
そして、
兵十は、
川上の方へ
走っていきました。

ごんは、
いたずらが　したくなりました。
ごんは、
びくの魚を　つかみだして、
川へ
ぽんぽん　投げました。
ごんは、
太いうなぎを　つかもうとしました。
でも、
うなぎは、
すべって　つかめません。
ごんは、
うなぎの頭を　くわえました。
うなぎは、
ごんの首に　まきつきました。
その時、
兵十が、
「うわあ、
ぬすっとぎつねめ。」と、
どなりました。
ごんは、
びっくりしました。

うなぎを
首に　まいたまま
にげました。

2

十日ほど　たちました。
ごんは、
村へ　やって来ました。
兵十の小さな家に
人が
たくさん　集まっていました。
「ああ、そうしきだ。
だれが、死んだんだろう。」と、
ごんは、思いました。

お昼すぎ、
ごんは、
村の墓地へ　行きました。
ごんは、
かくれて　見ていました。
いい　お天気です。
墓地には、
赤い　ひがん花が、さいていました。

そうしきが
兵十の家から　出ます。
そうしきの行列が　来ました。
兵十は、
とても　かなしそうです。
「死んだのは、
兵十の　おっかあだ。」と、
ごんは、思いました。

そのばん、
ごんは、あなの中で　考えました。
「兵十の　おっかあは、
きっと　病気だったんだ。
それで、
おっかあは、
うなぎが　食べたいと
言ったんだ。
でも、
おれは、
兵十の　うなぎを　取った。
おっかあは、
うなぎを　食べることが　できなかった。
そして、
おっかあは、死んだんだ。
あんな　いたずらを　しなけりゃよかった。」

３

兵十は、
家の井戸の所で
麦を　洗っていました。
ごんは、
物置の後ろで
兵十を　見ていました。
兵十は、
今まで
おっかあと
二人だけでした。
まずしい　くらしでした。
おっかあが　死んで、
兵十は、
ひとりぼっちに　なりました。

「兵十は、
おれと　同じ　ひとりぼっちだ。」と、
ごんは、思いました。

いわし売りが　来ました。
ごんは、
いわし売りの　かごから
いわしを　取りました。
そして、
兵十のうちの　うら口から
いわしを　投げこみました。
「まず　一つ
いいことを　した。」と、
ごんは、思いました。

次の日
ごんは、
山で
くりを
たくさん　拾いました。
そのくりを
兵十の家に
持っていきました。

ごんは、
うら口から　のぞきました。
兵十は、
ほっぺたに
けがを　していました。
「どうしたんだろう。」と、
ごんは、思いました。
兵十が、
ひとり言を　言いました。

「だれが
いわしを
おれの家に　投げこんだんだろう。
いわし屋は、
おれを
どろぼうだと　思った。
それで、
いわし屋は、
おれを　なぐったんだ。」
ごんは、
「おれは、
悪いことを　した。
兵十は、
かわいそうだ。」と、
思いました。
ごんは、
そっと
くりを　置いて
帰りました。

次の日も、
その次の日も、
ごんは、
くりを　持っていきました。
その次の日は、
まつたけも　持っていきました。

4

月が　きれいな夜でした。
ごんは、
遊びに　出かけました。

向こうから
だれか　来ました。
ごんは、かくれました。
兵十と　加助でした。
「なあ、加助。」
「ああん。」
「このごろ、
とても　不思議なことが
あるんだ。」と、
兵十が　言いました。
「何が。」
「おっかあが　死んでから
だれかが、
おれに
くりや　まつだけを、
毎日　くれるんだよ。」
「ふうん、だれが。」
「それが　分からんのだよ。
おれの　知らんうちに
置いていくんだ。」
「ほんとかい。」
「ほんとだとも。」
「へえ、
変なことも　あるもんだなあ。」
ごんは、
二人の後を　こっそり　ついていきました。

ごんは、
二人の話を　聞きたいと　思いました。

兵十の　かげぼうしを
ふみふみ　ついていきました。
加助が　言いました。
「おれは、
ずっと　考えていたが、
そりゃ、
人間じゃない、　神様だ。
神様が、
かわいそうに　思って、
いろんな物を　くださるんだよ。」
「そうかなあ。」
「そうだとも。
だから、
毎日、
神様に
お礼を　言うんだよ。」

ごんは、
「へえ、
つまらないな。」と、
思いました。
「おれが
くりや　まつたけを　持っていった。
それなのに、
おれに
お礼を　言わないなんて、
つまらないなあ。」

6

その次の日も、
ごんは、
くりを　持って
兵十の家に　行きました。
兵十は、
物置に　いました。
それで、
ごんは、
うら口から
こっそり
家へ　入りました。

そのとき、
兵十は、
ごんに　気がつきました。
兵十は、
「ごんぎつねが、
また
いたずらを　しに　来たな。」と、
思いました。
「ようし。」
兵十は、
てっぽうを　取って、
火薬を　つめました。
ごんは、
家を　出ようと　しています。
兵十は、
ごんを　うちました。

ごんは、 ばたりと たおれました。

兵十は、 かけよりました。
家の中に くりが 置いて ありました。
「おや。」
兵十は、 びっくりして、 ごんを 見ました。
「ごん、 おまえ だったのか。
いつも、 くりを くれたのは。」
ごんは、 ぐったりと して いました。
そして、 目を つぶった まま うなずきました。

兵十は、 てっぽうを ばたりと 落としました。
てっぽうから けむりが、 まだ 細く 出て いました。

先生方へ

【国語の目標】

① この物語のおもしろかったところを話す。
② 1の場面で、ごんが、兵十にどんないたずらをしたかを、話す。
③ 2の場面で、ごんが、自分のいたずらを、どう思っているかが分かる。
④ 3・4・5の場面での、ごんの行動を話す。また、なぜそのような行動をとったかを読み取る。
⑤ 6の場面で、兵十が、どんなことを知ったか、また、兵十がどう思ったか考える。

【日本語の目標】

① 「〜たり　〜たり」に慣れる。
「いもを　ほったり、葉っぱに　火をつけたり、とうがらしを　とったりしました。」
② 複合動詞を知る。
「はい出る／つかみだす／投げこむ／かけよる」
③ 擬音・擬態語を知る。
「どっと（ふえる）／ぽんぽん（投げる）／そっと（置く）／こっそり（ついていく）／ばたりと（たおれる）／ぐったりと（する）」など
④ 「〜たまま」の表現を知る。
「首に　まいたまま／目を　つぶったまま」
⑤ 接続詞に慣れる。
「それで／でも／そして／だから」

【国語の授業用語】

「物語／場面／登場人物／行動」

リライト
小学5年

古典

多くの人が　知っている
古典の　始まりの部分です。
言葉の　ひびきや　リズムを　味わいながら、
声に　出して　読みましょう。

竹取物語

今は　昔、
竹取の翁と　いふもの　ありけり。
野山に　まじりて
竹を　取りつつ、
よろづの　ことに
使ひけり。
名をば、
さぬきのみやつこと　なむ
いひける。

昔、
竹取の翁と　いう人が　いた。
翁は、
野山に　入って
竹を　切って、
いろいろな物を　作って　いた。
名前を
「さぬきのみやつこ」と　いった。

その　竹の中に、
もと光る竹　なむ
一筋　ありける。
あやしがりて、
寄りて　見るに、
筒の中　光りたり。
それを　見れば、
三寸ばかりなる人、
いと　うつくしうて　ゐたり。

その　竹林の中に、
根元が　光っている　竹が
一本　あった。
不思議に　思って、
近寄って　見ると、
竹筒の中が　光っている。
その中を　見ると、
九センチメートルぐらいの
とても　かわいらしい　人が、
すわっていた。

「竹取物語」は、
作者が
今から　千年以上前に　書いた　物語です。
でも、
作者は　分かりません。
この小さな人が
美しい女性（かぐやひめ）に成長して、
月の都へ　帰っていく　物語です。
「竹取物語」は、
今は、
「かぐやひめ」とも　言います。

枕草子

春は　あけぼの。
やうやう
白く　なりゆく　山ぎは、
すこし　あかりて、
紫だちたる　雲の
ほそく　たなびきたる。
夏は　夜。
月の　ころは　さらなり。
やみも　なほ、
蛍の
多く　飛びちがひたる。
また、
ただ　一つ　二つなど、
ほのかに　うち光りて
行くも　をかし。
雨など
降るも　をかし。

「枕草子」は、作者の　清少納言が、
思ったこと、感じたことを、自由に　書いた作品です。

春は　明け方が　よい。
だんだん　夜が　あけていくと、
山ぎわの　空が、
少し　明るくなって、
紫がかった　雲が
細く　たなびいているのが　よい。
夏は　夜が　よい。
月の　出ている　時は　もちろん　よいが、
月の　出ていない　暗い夜でも、
蛍が
たくさん　飛びかっているのは　よい。
ただ　一ぴき　二ひきと、
かすかに　光りながら
飛んでいくのも　よい。
雨などが　降るのも　よいものだ。

平家物語

祇園精舎の　鐘の声、
諸行無常の　響き　あり。
沙羅双樹の　花の色、
盛者必衰の　理を　あらはす。
おごれる人も　久しからず、
ただ
春の夜の　夢のごとし。
たけき者も
つひには　滅びぬ、

祇園精舎の　鐘の音は、
「すべての物事は　いつも　変化し　つづけている」
ということを
人に　思い出させる　響きが　ある。
沙羅双樹の　花の色は、
今　いきおいの　ある者も
いつかは
いきおいが　なくなることを
あらわしている。
自分の力を　自まんし、
わがままな人も、
長くは　続かないで、
春の夜の　夢のように
すぐ　消えてしまう。
強い者も
最後には　力が　なくなってしまう。

ひとへに
風の前の　塵に　同じ。

ちょうど
風に　ふき飛ばされている　塵と　同じである。

「平家物語」は、
平家という　武士の一族が、
栄え
ほろんでいく　様子を　書いた
作品です。
作者は　分かりません。

先生方へ

これらの教材のねらいは、言葉のひびきやリズムを味わいながら、声に出して読むことです。そのため、日本語レベルを分けていません。また、「国語の目標・日本語の目標」も省略しています。

古典独特のかなづかいには、読みがなをつけて、読みやすくしています。下段の口語訳を参考にだいたいの内容を知った上で、音読譜にそって読む練習をさせてください。

【国語の授業用語】

「音読」

リライト
小学5年

論語の　ことば

子曰はく、
「己の　欲せざる所は、
人に　施すこと　勿かれ。」と。

子曰はく、
「過ちて　改めざる、
是を　過ちと　謂ふ。」と。

論語は
孔子と　その弟子たちの　問答を
書いた　ものです。

孔子は　言った。
「自分が
人から　されたくないと　思うことを、
他の人に　しては　ならない。」と。

孔子は　言った。
「人は
だれでも
過ちを　するものだ。
過ちをしても
それを直さないのが
本当の過ちと
いうことだ。」と。

孔子は　中国の　古代の　思想家です。
「論語」は、昔　日本に　伝わりました。
人々の　生き方や　考え方に
大きな　えいきょうを　あたえました。

先生方へ

この教材のねらいは、言葉のひびきやリズムを味わいながら、声に出して読むことです。そのため、日本語レベルを分けていません。また、「国語の目標・日本語の目標」も、省略しています。

漢文の書き下し文では、古典かなづかいで表記しますが、読みがなをつけて、読みやすくしています。下段の口語訳を参考に、だいたいの内容を知った上で、音読譜にそって読む練習をさせてください。

【国語の授業用語】

「音読」

リライト1
小学5年

想像力の　スイッチを　入れよう（説明文）

あなたが
学校の　マラソン大会で、
十位に　なったと　します。
あなたは、
前の　マラソン大会で
五位だったと　します。
あなたは、
「前より、
五位も　下がって　しまいました。」と
言うでしょう。
しかし、
先生は
「でも、
三十秒も
タイムが　ちぢまって　いますよ。」と
言う　かもしれません。
このように、
同じ　出来事でも、
大事に　思う　ことが　ちがって　います。
それで、
つたえる　ことが　ちがって　きます。
わたしたちは、
テレビや　インターネット、新聞などから、
よの中の　じょうほうを　知ります。
テレビや　インターネット、新聞などを
「メディア」と　いいます。

しかし、
メディアからの　じょうほうは、
じじつを　ぜんぶ
つたえる　ことは　できません。
それぞれの　メディアは、
大事だと　思う　じょうほうだけを
つたえて　います。

たとえば、
図①には、
ある　図形の　右半分が
見えて　います。

あなたは、
「これは、　円の　右半分だな。」と
思ったでしょう。

また、
図②には、
ある　図形の　左半分が
見えて　います。

今度は、
「四角形の　左半分だな。」と
あなたは　思ったでしょう。

しかし、
図①と　図②の　全体図は
同じ　図③だと　しましょう。

図①や　図②から　考えた
「円」や　「四角形」は、
思いこみでした。

わたしたちは、
このような　思いこみを　少なくしたいです。

そのために、
わたしたちは
うけた　じょうほうを
じじつの　ぜんぶだと　思わない　ことです。

頭の中で、
「想像力のスイッチ」を入れることが大切です。

つぎのような報道をれいに考えてみましょう。

サッカーの人気チームでかんとくがじにんすることになり、
Aさんが新しいかんとくになるのではないかと
注目があつまっている。

サッカーの人気チームの　かんとくが　やめます。
新しい　かんとくは　Aさん　かもしれません。
それで　多くの人が　注目して　います。

まず、
あなたは
けつろんを　いそがない　ことです。
あなたは　すぐに
「新かんとくは　Aさんか。」と
きめては　いけません。
よの中の　できごとには、
いろいろな　見方が　あります。

あなたは
新しい　じょうほうを
たくさん　聞きます。

すると、
あなたは
少しずつ
じじつが　分かって　きます。

あなたは、
おちついて　考えましょう。
『まだ　分からないよね。』と
考える　ように　しましょう。

つぎに、
メディアが
つたえた　じょうほうを
見直して　みましょう。

この　じょうほうの　中で、

「Aさんは、報道陣を　さける　ためか、
うら口から　にげるように　出ていきました。」

という　レポートが　あったと　します。

Aさんは
レポーターに
出会いたく
なかったのでしょうか。

Aさんは
にげるように
うら口から
出ていきました。

あなたは、
　Aさんが　何かを　かくして　いると
　　　　　　　　思うでしょう。

しかし、
　Aさんは
　　うら口から　出る　ひつようが
　　　あったの　かもしれません。

だから、
「報道陣を　さける　ためか」というのは、
**　レポーターの　いんしょう**
**　　　かもしれません。**

また、
　Aさんは
　　いそいで　いたの　かもしれません。

「にげるように」も
**　レポーターの　いんしょう　でしょう。**

このように、
　想像してみる　ことが　大切です。

一つ一つの　言葉に　ついて、
**　『じじつかな、いんしょうかな。』と**
**　　考える　ことが　大切です。**

この　レポートから
　いんしょう　かもしれない　言葉を
　　　なくします。

すると、
　「Aさんは／うら口から／出て　いきました」という
　　　じじつが　のこります。

これだけでは、
Aさんが　次の　かんとくに　なるかは
分かりません。

しかし、
こんな　新聞記事も　出たと　します。

「Aさんは、
来月から　よてい　していた　外国での　しごとを、
最近、キャンセルした。」

Aさんは、
来月　外国で
しごとを　する　ことに
して　いました。
でも、
Aさんは
最近、
その　しごとを
キャンセルしました。

この　記事に、
いんしょうは　入って　いません。

だから、
Aさんが
「かんとくに　なる」という
じょうほうのようです。

しかし、
『ほかの　見方も　ないかな。』と
想像して　みましょう。

Aさんは、
相手の　都合で、
キャンセルした　かもしれません。

こう想像すると、
ほかの　見方に　気づく　ことが　できます。

すると、
Aさんが　次の　かんとくだと
きめる　ことは　できません。

さらに
大切な　ことが　あります。
メディアが　つたえて　いない　部分も
想像する　ことです。

大切なのは、
その　部分に、
『何が　かくれて　いるかな。』と
想像する　ことです。

この　報道の　場合、
Aさんにだけ　注目して　います。
「ほかの　人が　かんとくに　なる
かのうせいは　ないのか。」と
想像して　みましょう。

頭の　中に、
Aさんで　ない　人を
考えて　おくのです。

前に　出た　図①②③で　考えましょう。
図①の　「円」や　図②の　「四角形」から
図③は　想像できない　かもしれません。

でも、
図①や　図②の　はんたいがわに
べつの　図が　かくれて　いる　かもしれません。

ほかの　何かが　かくれて　いるかなと、
考える　ことが　大切です。

けっきょく、
新しい　かんとくは、
ほかの　人でした。
新しい　かんとくは、
Aさんでは　ありませんでした。
しかし、この　期間、
みんなは　Aさんに　注目して　いました。
Aさんに
大きな　仕事を　たのみたい　会社が、
ありました。

その　会社は、
「Aさんは
かんとくに　なるから、
いそがしく　なるだろう。」と、
たのみませんでした。

ここに　出した　報道の　れいは、
実際に　あった　話では　ありません。

しかし、このように、
本当に　思いこみで
だれかが　くるしんだり、
そんを　したり　します。

メディアは、
わざと
わたしたちを　だましたり、
あやまった　思いこみを　あたえたり
しては　いません。

メディアは、
早く、分かりやすく、
じょうほうを　つたえようと
工夫して　います。

でも、

ときどき
思いこみの　表現に
なって　しまいます。

思いこみを　なくすために、
メディアも　あなたも、
それぞれに　努力が　ひつようです。

あなたの　努力は、
「想像力の　スイッチ」を　入れる　ことです。

あなたは、
自分で　判断　できる　人間に
なって　ほしいです。

先生方へ

本文中の図①②③は、教科書の図①②③を参照してください。

【国語の目標】

① 文章が「初め」「中」「終わり」の構成であることを知る。

② 「初め」「中」「終わり」の大事な箇所に線を引く。

③ 「想像力のスイッチ」とは何かを知る。

【日本語の目標】

① 指示語にふれる。

「この／これ／その」など

② 連体修飾表現にふれる。

「図①や　図②から　考えた　「円」や　「四角形」／メディアが　つたえた　じょうほう／ほかの　人が　かんとくになる　かのうせい」など

③ 接続詞にふれる。

「しかし／だから／また／すると／でも」

④ 「〜と　します（しましょう）」の表現にふれる。

「十位に　なったと　します／五位だったと　します／図③だと　しましょう／レポートが　あったと　します」など

【国語の授業用語】

「説明文／筆者／「初め」「中」「終わり」／段落」

リライト2　小学5年

想像力のスイッチを　入れよう（説明文）

あなたが

学校のマラソン大会で、

十位に　入ったとしよう。

あなたは、

前回の結果が

五位だったとする。

あなたは、
「前回より、
五位も　下がってしまいました。」と、
言うだろう。

しかし、
先生は
「でも、
三十秒も　タイムが　ちぢまっていますよ。」と、
言うかもしれない。

このように、
同じ出来事でも、
発信する内容が　ちがってくる。
何を　大事に思うかで、
ずいぶん　ちがってくる。

これは、
学校や家庭だけで　起こることではない。

わたしたちは、
テレビや　インターネット、新聞などの、
「メディア」から
世の中の情報を　得ている。

しかし、
メディアからの情報も、
事実の全てを　伝えることはできない。

それぞれのメディアは、
大事だと思う　情報だけを
伝えているのである。

例えば、
図①には、
ある図形の　右半分が　見えている。

あなたは、
「これは、　円の　右半分だな。」と、
思ったのでは　ないだろうか。

また、
図②には、
ある図形の左半分が　見えている。

今度は、
「四角形の左半分だな。」と、
思うだろう。

しかし、
実は　どちらも
同じ　図③の形だとする。

すると、
図①や図②で　考えた
「円」や　「四角形」は、
思いこみである。

これは、
切り取られた　情報だけで
全体を　判断したからである。

このような思いこみを　減らすため、
わたしたちは
あたえられた情報を　事実の全てだと
受け止めないことだ。

頭の中で、
「想像力のスイッチ」を　入れてみることが
大切なのである。

次のような報道を　例に、　具体的に　考えてみよう。

サッカーの人気チームで　監督が　辞任する　ことになり、
Aさんが　新しい監督に　なるのではないかと
注目が　集まっている。

ここで、
まず大切なのは、
すぐ　結論を　出さないことだ。

「新監督は　Aさんか。」と、
決めてしまっては　いけない。
新しい情報を　聞けば聞くほど、
少しずつ　事実の形が　分かっていく。
まずは
一度落ち着いて、
『まだ分からないよね。』と
考える習慣をつけよう。
そして、
次は、
メディアが　伝えた情報を
冷静に　見直してみよう。
この報道の中で、

「Aさんは、報道陣を　さけるためか、
うら口から　にげるように　出ていきました。」

というレポートを　聞いたと　する。
あなたは、
Aさんが　何かを　かくしていると
思うかもしれない。
しかし、
Aさんは
その方向に　行く必要が　あったのかもしれない。
こう想像すると、
「報道陣を　さけるためか」は、
レポーターの　印象かもしれない。
また、
急がなければならない理由が
あったのかもしれない。
「にげるように」も　印象だろう。
このように、
想像力を　働かせてみる。

そして、
一つ一つの　言葉について、
『事実かな、印象かな。』と
考えてみることが　大切である。

このレポートから、
印象かもしれない表現を　取りのぞく。

すると、
確かな事実は、
「Aさんは／うら口から／出ていきました」だけになる。

これには、
Aさんが　次の監督になると
判断する材料は　何もない。

しかし、
こんな新聞記事も　出たとしよう。

「Aさんは、
来月から　予定していた　外国での　仕事を、
最近、キャンセルした。」

この表現には、
印象は　混じっていない。

だから、
この事実は
監督就任の　有力な情報のように
感じられる。

だが、ここで、
『他の見方も　ないかな。』と
想像してみよう。

Aさんは、
相手の都合で、
その仕事を
急に　キャンセルしたのかもしれない。

こう想像してみると、
他の見方も　あることに　気づく。

すると、
この事実からも、
Aさんが　次の監督になるとは　決められない。

さらに　大切なのは、
メディアが　伝えていないことにも
想像力を　働かせることである。

メディアは、
ある出来事の　特定の部分に
スポットライトを　当てる。

そして、
わたしたちに
情報を　伝えている。

明るい　スポットライトの周囲には、
必ず、見えない暗がりが　できる。

その暗がりに、
『何が　かくれているかな。』と
想像することも　大切だ。

この報道の場合、
Aさんにばかり　スポットライトが　当たっている。

そこで、
「他の人が　監督になる　可能性はないのか。」と
想像してみよう。

他の監督候補を
具体的に　思いうかべられないかもしれない。

しかし、
頭の中に、
Aさん以外の可能性を　残すことである。

先ほどの図で　説明してみよう。

図①や　図②からは、
図③を　想像できないかもしれない。

しかし、
「円」や「四角形」の　反対側には
別の　何かが　かくれているかもしれない。
こう　考えてみることが　大切なのだ。
結局、
サッカーチームの　次の監督には、
他の人が　選ばれた。
Aさんは　関係なかったのである。
しかし、
この期間、
Aさんは、多方面から注目された。
ある会社が、
Aさんに　大きな仕事を　たのもうとしていた。
しかし、
他の人に　その仕事を　たのんでしまった。
「Aさんは　監督になるから、いそがしくなるだろう。」と、
会社は　考えたからだ。
ここに例示した　報道は、
架空の話である。
しかし、
このように、
思いこみや　推測によって
だれかが　苦しんだり、
不利益を　受けたり　することがある。
メディアは、
わざと　わたしたちを　だましたり、
あやまった　思いこみを　あたえたり
しているのではない。
メディアは、
少しでも　早く、分かりやすく、
情報を伝えようと　工夫している。

そのとき、
　思いこみに　つながる　表現に
　　なってしまうことが　あるのだ。
そんな　思いこみを　防ぐために、
　メディアの側は　努力しなければならない。
また、
　情報を　受け取る　あなたの側も、
　　　　　　　　　　努力しなければならない。
あなたの努力は、
「想像力のスイッチ」を　入れることだ。
あなたは
　あたえられた小さい　まどから
　　小さい景色を　ながめないで　ほしい。
あなたは、
　自分の想像力で　かべを破り、
　　大きな景色を　ながめて
　　　判断できる人間に　なって　ほしい。

先生方へ

本文中の図①②③は、教科書の図①②③を参照してください。

【国語の目標】

① 文章を「初め」「中」「終わり」の構成に分け、それぞれの内容をまとめる。

② 四つの「想像力のスイッチ」とは何かが分かる。

③ メディアの情報に対して思いこみを防ぐために、何が必要か分かる。

【日本語の目標】

① 指示語（こそあど言葉）の働きを知る。
「この／これ／どちらの／その」など

② 連体修飾表現を理解する。
「じゅんいが　下がった　あなた／図①や　図②から　思った「円」や
「四角形」／メディアが　つたえた　じょうほう／ほかの　人が　かんとくになる　かのうせい」など

③ 接続詞の使い方が分かる。
「しかし／そして／だから／また／すると」など

④ 受け身の表現を知る。
「切り取られた（情報だけ）／あたえられた（情報）／注目された」など

【国語の授業用語】
「説明文／筆者／構成／「初め」「中」「終わり」／事例／筆者の意見」

リライト1 小学5年

大造じいさんとガン（物語）

1

今年も、
残雪の むれが
ぬま地に 来ました。

残雪は、ガンの 名前です。
残雪は、ガンの 頭りょうです。
残雪は、
とても りこうです。

大造じいさんは、
いつも
ぬま地に 来ます。
じいさんは、
かりを して います。

でも、
残雪が 来てから
じいさんは、
一わの ガンも
とることが できません。

じいさんは、
残雪に
はらを　たてて　いました。
「今年こそ
ガンを　とるぞ。」と、
じいさんは　思いました。

今年、
じいさんは、
たくさん
つりばりを　よういしました。
つりばりの　先に
タニシを　つけました。
じいさんは、
つりばりの　糸を
くいに　むすびました。

よく日、
じいさんは、
ガンを　一わ　とりました。
生きている　ガンです。
じいさんは、うれしかったです。

つぎの　日も
じいさんは、
つりばりを
たくさん　むすびました。
でも、
じいさんは、
ガンを
一わも
とることが　できませんでした。

ガンは、
つりばりが　ない　えさだけ
食べました。
残雪が
食べ方を
仲間に　教えたからです。
じいさんは、感心しました。
残雪は、
すごい　ちえを
もって　います。

2

つぎの　年も、
残雪の　むれが　来ました。
じいさんは、
たくさんの　タニシを
まきました。
四、五日の　間、
同じ　ところに　まきました。
ガンの　むれは、
じいさんの　えさばに
来ました。
毎日　来ました。

夜、
じいさんは、
小屋を　作りました。
えさばの　近くに　作りました。
小屋で、
じいさんは、
ガンを　まちました。

朝、
ガンの　むれが　来ました。
残雪が　先頭です。
じいさんは、
じゅうを　もちました。
残雪は、
小屋を　見つけました。
残雪は、
「近づかない　方が　いい。」と、
思いました。
むれは、
きゅうに
むきを　かえました。
むれは、
遠くに　おりました。
じいさんは、
「ううん。」と、
うなりました。
また、
じいさんは、
残雪に　まけました。

3

今年も
ガンが　来る　ころに　なりました。
じいさんの　鳥小屋に
ガンが　います。
二年前に
生けどった　ガンです。
じいさんが　口ぶえを　ふきます。

すると、
　ガン(がん)は、
　　もどって　きます。
ガン(がん)の　むれは、
　いつも
　　はじめに　とび立(た)つ　ガン(がん)の　後(あと)に　ついて
　　　とびます。

それで、
　じいさんは、
　「今年(ことし)は、
　　このガン(がん)を　つかおう。」と、
　　　思(おも)いました。

今年(ことし)も
　残雪(ざんせつ)の　むれが
　ぬま地(ち)に　来(き)ました。

夜(よる)、
　じいさんは、
　むれの　えさばに
　　行(い)きました。
そして、
　じいさんの　ガン(がん)を
　　はなしました。
「いよいよ
　たたかいが　はじまるぞ。」
じいさんは、
　小屋(こや)に　入(はい)りこみました。

朝(あさ)、
　残雪(ざんせつ)の　むれが
　えさばに　来(き)ました。
じいさんは、
　じゅうを　もちました。

そして、
じいさんは、
口ぶえを　ふこうと　しました。
その　とき、
きゅうに
むれが　とび立ちました。
「どうしたんだ。」
じいさんは、
小屋から　出ました。
ハヤブサが　来ました。
一わが　にげおくれました。
じいさんの　ガンです。
じいさんは、
口ぶえを　ふきました。
ガンは、
じいさんの　方へ
むきを　かえました。
ハヤブサが
ガンを　けりました。
その　時、
残雪が　もどって　きました。
じいさんは、
残雪を
じゅうで　ねらいました。
けれども、
じゅうを　おろしました。
残雪が、
仲間を
たすけようと　しているからです。
残雪は、
ハヤブサと
はげしく　たたかいました。

二わは、
　いっしょに
　　ぬま地に　おちました。
じいさんは、
　走って　行きました。
ハヤブサは、
　きゅうに　とび立ちました。

残雪の　むねは、まっ赤です。
残雪は、
　ぐったり　していました。
でも、
　残雪は、
　首を　もち上げました。
残雪は、
　のこりの　力を　ぜんぶ　出しました。
そして、
　残雪は、
　　じいさんを
　　　正めんから　にらみました。
残雪は、
　どうどうと　して　いました。
じいさんは、
　残雪に
　　手を　のばしました。
残雪は、
　じっと　して　いました。
残雪は、
「もう　さいごだ。
　りっぱな　たいどを　とろう。」と、
　　思って　いるようです。
じいさんは、感動しました。

じいさんは、
「残雪は、りっぱな　鳥だ。」と、
思いました。

4

ひと冬が　すぎました。
残雪は、
じいさんの　ところに　います。
春、
残雪の　きずは、
なおりました。
晴れた　日の　朝、
じいさんは、
残雪を　はなしました。
「おうい、
今年の　冬も　来いよ。
おれたちは、
また
どうどうと　たたかおうよ。」
じいさんは、
残雪に　言いました。
大きな　声で
言いました。

残雪は、
北へ　とんで　いきます。
じいさんは、
とても　まん足でした。
いつまでも　いつまでも
残雪を　見ていました。

先生方へ

【国語の目標】

① 大造じいさんの計略と残雪のちえについて知る。

② 大造じいさんの残雪に対する気持ちの変化を知る。

【日本語の目標】

① 接続詞にふれる。

「でも／また／すると／それで／けれども／そして」

② 擬音・擬態語にふれる。

「ぐったり（する）／じっと（する）／どうどうと（たたかう）」

③ 慣用的表現にふれる。

「はらを　たてる」

④ 連体修飾表現にふれる。

「生きている　ガン／つりばりが　ない　えさ／生けどった　ガン／はじめに　とび立つ　ガン」

【国語の授業用語】

「場面／登場人物／気持ちの変化」

リライト2 小学5年

大造じいさんとガン（物語）

大造じいさんは、
七十二歳の　元気な　かりゅうどです。

わたしは、
じいさんから
おもしろい　ガンがりの話を
聞きました。

わたしは、
その話をもとに
この物語を　書きました。

1

今年も、
残雪が
ぬま地に　やって来ました。
残雪は、
ガンの群れを　連れてきました。
残雪は、
ガンの頭領の名前です。
残雪は、
とても　りこうなガンです。
群れに
人間を
けっして　近づけませんでした。
大造じいさんは、
このぬま地で
いつも　かりを　しています。
でも、
残雪が　来てからは、
一羽のガンも　とれません。
じいさんは、
残雪に　腹を立てていました。
「今年こそ
ガンを　とるぞ。」と、
じいさんは　思いました。
それで、
今年、
じいさんは、
タニシを付けた　つりばりを
用意しました。
たくさんの　つりばりを
糸で　くいに　結びました。

じいさんは、
今度こそ　うまくいくような
気がしました。

よく日、
じいさんは、
わくわくしながら、
ぬま地に　行きました。
じいさんは、
生きているガンを
一羽　とりました。
じいさんは、
とても　喜びました。

次の日も
じいさんは、
つりばりを
たくさん　くいに　結びました。

でも、
ガンは、
一羽も　とれませんでした。
つりばりの糸が
ぜんぶ　のびています。
ガンが、
えさを　くわえて
引っぱったのです。
ガンは、
糸のついていない　えさだけ
食べたのです。
残雪が
食べ方を
仲間に　教えたのです。

大造じいさんは、
「ううむ。」と、
感心しました。
残雪は、
すごい　ちえを　持っています。

2

次の年も、
残雪の群れが　やって来ました。
大造じいさんは、
夏から
タニシを
山のように　集めていました。
四、五日の間、
じいさんは、
同じ所に
タニシを　たくさん　まきました。
ガンたちは、
その　えさ場を
とても　気に入りました。
「うまくいった。」と、
じいさんは、
ほほえみました。

夜、
じいさんは、
小屋を　作りました。
えさ場の近くです。
じいさんは、
ガンを
小屋で　待ちました。

夜明けの光が
小屋の中に
気持ちよく
流れこんできました。
ガンの群れが　やって来ます。
残雪が　先頭です。
「今年こそ、
一発　ぶちこんで
こらしめてやるぞ。」
じいさんは、
じゅうを　にぎりしめました。
残雪は、
小屋を　見つけました。
「昨日と　違う。
近づくまい。」と、
残雪は、　思いました。
そして、
群れは、
急に
向きを　変えました。
群れは、
遠く　はなれた所に
おりました。
大造じいさんは、
また
残雪に　負けました。
じいさんは、
「ううん。」と、
うなってしまいました。

3

今年も
　ガンが来るころに　なりました。

じいさんの鳥小屋には、
　　ガンが　います。
二年前　生けどったガンです。
このガンは、
　じいさんの口笛で
　　もどってくるのです。
「今年は、
　このガンを　使おう。」と、
　　じいさんは、思いました。
ガンの群れは、
　いつも
　　はじめに飛び立った　ガンの後について
　　　飛ぶのです。
だから、
　じいさんのガンを
　　はじめに飛び立たせようと、
　　　考えたのです。

今年も
　残雪の群れが
　　ぬま地に　やって来ました。
「うまくいくぞ。」
大造じいさんは、
　青く　すんだ空を　見て、
　　にっこりしました。

夜、
じいさんは、
群れのえさ場に
じいさんのガンを　放しました。

「いよいよ
戦いが　始まるぞ。」
じいさんは、小屋に　入りました。

朝が　来ました。
東の空が　真っ赤です。
残雪を　先頭に、
ガンの群れが
えさ場に　やって来ました。
じいさんは、
わくわくする気持ちを
しずめました。
じいさんは、
じゅうを　にぎりしめました。
「今年こそ、
残雪を　びっくりさせてやるぞ。」
そして、
じいさんは、
口笛を　ふこうと　しました。

その時、
群れが
急に　飛び立ちました。
「どうしたんだ。」
じいさんは、
小屋から　出ました。
「ハヤブサだ。」

残雪は、
群れを　連れて、
飛び去りました。

「あっ。」
一羽が　にげおくれました。
じいさんのガンです。
じいさんは、
口笛を　ふきました。
ガンは、
じいさんの方へ
向きを　変えました。
ハヤブサが
ガンを　けりました。
ハヤブサが
もう一回、
ガンを　けろうとしました。
その時、
大きな　かげが
空を　横切りました。
残雪です。
じいさんは、
残雪を
じゅうで　ねらいました。
けれども、
じいさんは、
じゅうを　おろしました。

残雪の目には、
助けたい仲間が
見えるだけです。

残雪は、
ハヤブサと
はげしく　戦いました。
二羽は、
いっしょに
ぬま地に　落ちました。
二羽は、
地上でも
はげしく　戦っています。
じいさんは、かけつけました。
ハヤブサは、
急に
飛び立ちました。
残雪は、
むねを　真っ赤にして、
ぐったり　していました。
でも、
第二の　おそろしい敵に、
残雪は、
残りの力を　ふりしぼって、
首を　持ち上げました。
そして、
残雪は、
じいさんを
正面から　にらみました。
残雪は、
頭領らしく
堂々と　していました。
じいさんは、
残雪に
手を　のばしました。
残雪は、じっと　していました。

残雪は、
「もう　最後だ。
りっぱな態度を　とろう。」と、
思っているようでした。
大造じいさんは、感動しました。
じいさんは、
残雪が　ただの鳥だとは、
思えませんでした。

4

残雪は、
じいさんの　おりで
ひと冬を　こしました。
春には
残雪のむねの　きずは、
治りました。

晴れた日の朝です。
じいさんは、
おりの　ふたを　開けました。
残雪は、
空へ　飛び上がりました。
残雪の羽に
スモモの花びらが　ふれました。
花びらは、
雪のように　美しく　散りました。
「おうい、
ガンの英ゆうよ。
今年の冬も
仲間を　連れて
やって来いよ。

おれたちは、
　また
　　堂々と　戦おうじゃないか。」
じいさんは、
　大きな声で
　　残雪に　言いました。

残雪は、
　北へ　北へと
　　飛んでいきます。
大造じいさんは、
　とても　満足でした。
いつまでも　いつまでも
　残雪を　見守っていました。

先生方へ

【国語の目標】

① 大造じいさんの計略と残雪のちえについて分かる。
② 大造じいさんの残雪に対する気持ちの変化が分かる。
③ 大造じいさんが残雪を撃たなかった理由が分かる。

【日本語の目標】

① 接続詞が分かる。
「でも／それで／そして／だから／けれども」
② 慣用的表現が分かる。
「腹を立てる」
③ 連体修飾表現を知る。
「タニシを付けた　つりばり／糸のついていない　えさ／はじめに飛び立った　ガン」
④ 擬音・擬態語を知る。
「わくわく（する）／にっこり（する）／ぐったり（する）／堂々と（する）／じっと（する）」

⑤「〜ように」の表現を知る。
「山のように　集める／雪のように美しく　散る」
⑥「けっして〜ない」の表現にふれる。
「けっして　近づけません」

【国語の授業用語】
「場面／登場人物／情景／心情／山場」

リライト 小学6年

やまなし（物語）

これは、
二まいの　スライド（幻灯）です。
青い　スライドです。
この　スライドは、
谷川の　そこを
うつして　います。
ここは、
小さな　谷川です。

一まいめは、
五月の　話です。

かにの　子どもが、
二ひき　います。
かにの　子どもたちは、
水の　そこに　います。
水の　そこは、青白いです。
かにの　子どもたちは、
話して　いました。

「クラムボンは　わらったよ。」

「クラムボンは　かぷかぷ　わらったよ。」

「クラムボンは　はねて　わらったよ。」

「クラムボンは　かぷかぷ　わらったよ。」

上の　方や
よこの　方は、
青く
くらく
はがねのようです。

その　天井は、なめらかです。
あわが、
天井を　ながれて　いきます。
あわは、つぶつぶです。

「クラムボンは　わらって　いたよ。」

「クラムボンは　かぷかぷ　わらったよ。」

「なぜ」
「クラムボンは　わらったの。」

「知らない。」

つぶつぶ　あわが、ながれて　いきます。
かにの　子どもたちも、
あわを　はきました。
五、六つぶ　あわを　はきました。
あわは、水銀のように
光って　いました。

あわは、
上の　方へ　行きました。

一ぴきの　魚が、
頭の　上を
つうと　**通りました。**

魚は、
銀の　はらを
・ひるがえして　行きました。
「クラムボンは　しんだよ。」
「クラムボンは　ころされたよ。」
「クラムボンは　しんで　しまったよ……。」
「ころされたよ。」
「なぜ　ころされたの。」
「分からない。」

魚が、
また
つうと　もどって　きました。

魚は、
川下の　方へ　行きました。
「クラムボンは　わらったよ。」
「わらった。」

水の　中が、
きゅうに
ぱっと
明るく　なりました。

日光が、
水の　中に　さしこみました。
日光は、
金色で、
ゆめのように　うつくしいです。

なみが、
川の　そこに
光の　あみを　つくりました。
光の　あみは、
ゆらゆら
のびたり
ちぢんだり　しました。
とても　うつくしいです。
あわや
小さな　ごみから、
かげの　ぼうが　できました。
かげの　ぼうは、
水の　中に
ならんで　立ちました。

また
魚が、
川上の　方へ　行きました。
その　とき、
魚は、
そこらじゅうの　黄金の　光を
くちゃくちゃに　しました。
魚の　体は、
鉄のように　光って　いました。
「お魚は、
なぜ
行ったり　来たり　するの。」
弟の　かにが、たずねました。
弟の　かには、
まぶしそうに
目を　うごかして　いました。

「お魚は、
　何か　わるいことを　してるんだよ。

　何かを　とってるんだよ。」

「とってるの。」

「うん。」

その　お魚が、
　また
　　川上から
　　　もどって　きました。
その　お魚は、
　ひれも
　　おも　うごかしません。
その　お魚は、
　水に　ながされて
　　来ました。
お口を
　わのように　円く　して　います。
お魚の　かげが、
光の　あみの　上を
　すべりました。
かげは、
　黒く
　　しずかに　すべりました。
「お魚は……。」

その　ときです。
天井に
白い　あわが　立ちました。
そして、
青く
　ぎらぎらした　ものが、
　とびこんで　きました。

その　青い　ものの　先は、
　　　　コンパスのように
　　　　　とがって　いました。
魚の　白い　はらは、
　　　　ぎらっと　光りました。
そして、
　　魚は、
　　　一ぺん　ひるがえりました。

魚は、
水の　上の　方へ
　　　　行きました。
もう
青い　ものも
魚も　見えません。
光の　黄金の　あみは
ゆらゆら　ゆれました。
あわは
　つぶつぶ　流れました。

二ひきは
声も　出ません。
二ひきは
こわくて
　　うごくことが　できませんでした。
お父さんの　かにが
出てきました。
「どうしたんだい。」
なぜ
　ぶるぶる　ふるえて　いるんだい。」
「お父さん、
今、
へんなものが　来たよ。」

「どんな　ものだ。」
「青くて、
　光るんだよ。
　さきが
　　黒く　とがって　いるの。
それが　来たら、
　お魚が　上へ　行ったよ。」
「そいつの　目が　赤かったかい。」
「分からない。」
「ふうん。
そいつは　鳥だよ。
かわせみと　いうんだ。
だいじょうぶだ。
安心しろ。」
「お父さん、
　お魚は
　　どこへ　行ったの。」
「魚かい。
魚は、
　　こわい　所へ　行った。」
「こわいよ、　お父さん。」
「いい、いい、
　　だいじょうぶだ。
心配するな。
そら、
　　かばの花が　流れて　きた。
見てごらん、
　　きれいだろう。」
白い　かばの花が、
天井を
たくさん　ながれて　きました。

あわと　いっしょに
ながれて　きました。
「こわいよ、お父さん。」
弟の　かにも　言いました。

光の　あみは、
ゆらゆら、
のびたり
ちぢんだり　して　いました。
花びらの　かげは、
静かに
砂の　上を　すべりました。

二まいめは、十二月の　話です。

かにの　子どもたちは、
とても　大きく　なりました。
川の　そこも
夏から　秋の　あいだに
すっかり　かわりました。

白い　丸石も
ころがって　きました。
水晶の　つぶや
金雲母の　かけらも、
ながれて　きて　止まりました。

水は　つめたいです。
月光は、
水の　そこまで
とどいて　います。

月光は、
ラムネの　びんのような　色です。
天井で、
波が
青白い　火を
もやしたり
けしたり　して　います。

あたりは、
しんと　して　います。
波の　音だけが
遠くから　聞こえて　きます。

月が
とても　明るかったです。
水も
とても　きれいでした。
それで、
かにの　子どもたちは、
ねないで
外に　出て　いました。
かにの　子どもたちは、
だまって、
あわを　はいて　いました。
そして、
天井の　方を　見て　いました。
「やっぱり
ぼくの　あわは　大きいね。」
「兄さんは、
わざと　大きく　はいてるんだ。
わざとだったら
ぼくも、
もっと　大きく　はけるよ。」

「はいて　ごらん。
おや、
　たった　それだけ。
じゃあ、
　兄さんが　はくよ。
よく　見て　いて。
そら、ね、
　大きいだろう。」
「大きく　ないよ。
同じだよ。」
「近くだから、
　自分の　あわが
　　大きく　見えるんだよ。
じゃあ
　いっしょに　はいて　みよう。
いいかい、そら。」
「やっぱり
　ぼくの　あわが、
　　大きいよ。」
「本当かい。
じゃ、
　もう　一つ　はくよ。」
「だめだよ、
　そんなに　のび上がっては。」
また、
　お父さんの　かにが　出て　きました。
「もう　ねろ　ねろ。
おそいぞ。
あした
　イサドへ　つれて　いかないぞ。」

「お父さん、
ぼくたちの　あわは、
どっちが　大きいの。」
「お兄さんの　ほうだろう。」
「そうじゃないよ。
ぼくの　ほうが、大きいよ。」
弟の　かには
なきそうでした。

その　とき、
トブン。

黒い
丸い
大きな　ものが、
天井から　おちて　きました。
それは、
川の　そこに　しずみました。
そして、
また
上へ　行きました。
きらきらっと
金色に　光りました。
「かわせみだ。」
子どもたちは、
首を　すくめて
言いました。
お父さんの　かには、
遠めがねのような　両方の　目を
おもいっきり　のばしました。

そして、
よく　見て、
言いました。
「そうじゃない。
あれは　やまなしだ。
ながれて　いくぞ。
行って　みよう。
ああ、
いい　においだな。」

水の　中は、
やまなしの　いい　においで
いっぱいでした。

やまなしは、
ぼかぼか　ながれて　いきました。
三びきは、
やまなしの　後を　おいました。
三びきの　かげも
後を　おいました。
合わせて　六つは、
やまなしの　円い　かげを　おいました。

水は
サラサラ　鳴って　います。
天井の　波は
青い　ほのおを　あげて　います。
間もなく、
やまなしは
木の　えだに　引っかかって　止まりました。
その　上には、
月光が　あつまりました。

「やっぱり　やまなしだよ。
よく　じゅくして　いる。
いい　においだろう。」
「おいしそうだね、
お父さん。」
「まて　まて。
もう　二日ほど　まちなさい。
すると、
やまなしは　下へ　しずんで　くる。
それから、
ひとりでに
おいしい　おさけが　できるんだよ。
さあ、
もう　帰って　ねよう。
おいで。」

親子の　かには、
自分たちの　あなに
帰って　いきます。

波は、
青白い　ほのおを
ゆらゆらと　あげました。
波は、
ダイヤモンドの　粉を
はいて　いるようでした。

わたしの　スライド（幻灯）は、
これで　おわりです。

先生方へ
この教材は、原作の味わいを残すために、リライトを最小限に留めました。そのため、日本語レベルを分けませんでした。やさしい表現で、豊かに想像の世界を広げて欲しいと思います。

【国語の目標】

① このスライドには、どこから見た風景が映し出されているかが分かる。
② 川の中の様子が伝わるような言葉を理解し、豊かに情景を想像する。
③ 五月と十二月の場面を比較して、どんな違いがあるかが分かる。
④ 自分が想像した情景を思い浮かべながら、音読をする。

【日本語の目標】

① 比喩の表現にふれる。
「水銀のように　光っていました／ゆめのように　うつくしいです／鉄のように　光っています／わのように　円くして　います／コンパスのように　とがっていました／ラムネの　びんのような　色です／遠めがねのような　両方の目」など
② 擬音・擬態語にふれる。
「ぱっと（明るくなる）／ゆらゆら（のびたり）／ぎらぎら（した）／ぎらっと（光る）」など

【国語の授業用語】

「風景／様子／想像／たとえ／情景」

リライト1 小学6年

『鳥獣戯画（ちょうじゅうぎが）』を　読（よ）む（説明文）

野原（のはら）で
　かえると　うさぎが
　　すもうを　とって　います。
秋（あき）の　草花（くさばな）が
　いっぱい　さいて　います。
かえる（かわず）が　外（そと）がけを　します。
すぐに
　うさぎは　かわずがけを　します。

おっと、
かえるが
うさぎの　耳を
がぶりと　かみました。

これは　はんそくです。
うさぎは　顔を　そむけます。
うさぎの　力が　ぬけました。
そのとき　かえるが――。

この　絵は
すみ　だけで
えがいて　います。
太い　線と　細い　線で
えがいて　います。
こい　すみと　うすい　すみで
えがいて　います。

えがき方は
のびのびと　して　います。
上品で　すばらしいです。
どうぶつたちは
生き生きと　して　います。
まるで　**人間みたいに**
あそんで　います。

この　うさぎは
耳の　先だけ　黒いです。
白い　冬毛の
北国の　野ウサギです。
かえるは　トノサマガエルです。
まだらもようが　あります。
背中が　もり上がって　います。

えがいた　人は、
ちゃんと　どうぶつを　かんさつして　います。
ほね組みも、手足も、毛なみも、
正確に　しっかりと
えがいて　います。

だから、
わたしたちは、
「本当の　うさぎや　かえるたちが、
今　ひょいと　立って
あそび　はじめたのだ」と
思うのです。

この　絵は、
『鳥獣戯画』の　一場面です。
『鳥獣戯画』は、
国宝の　絵巻物　です。
「漫画の　祖」でも　あります。
なぜ　「漫画の　祖」と
よぶのでしょうか。
それは、
この　一場面でも　わかります。
線だけで　えがいて　います。
本当の　うさぎと　かえるは
大きさが　ちがいます。
そんな　うさぎと　かえるが
すもうを　とって　います。
どこか、
おかしくて、
おもしろいです。
すごく　上手だけれど、
まるで　漫画みたいです。
でも、
それだけでは　ありません。

では、

ぱっと

ページを　ひらいて　ください。

きみたちには　どう　見えましたか。

かえるが

うさぎを　なげとばした　みたいでしょう。

アニメのように

うごいて　見えたでしょう。

だから、

『鳥獣戯画』は、

「アニメの　祖」でも　あります。

漫画や　紙しばいでは、

それぞれの　方法で

お話が　すすんで　いきます。

漫画は、

コマわりを　します。

紙しばいは、

絵を　さっと　引きぬきます。

絵巻物は、

長い紙に　絵を　つづけて　えがきました。

こんな　方法で、

絵巻物の　**お話は、**

すすんで　いきます。

この　二まいの　絵も、

本当は　つながって　いるのです。

では、

絵巻物を

右から　左へと

まきながら　見ましょう。

まず、
　かえるが
　　うさぎを　なげとばし　ました。
かえるの　口から
線が　出て　います。
いったい
　これは　なんでしょう。
けむりかな、
　それとも　いきかな。
きっと
　「ええい！」とか、
　「ゲロロッ」とか、
　　気合いの　声なのでしょう。
まるで　漫画の　ふき出しのようです。
ポーズと　目と　口の　えがき方で
　　　　　気合いが　わかります。

うさぎは
　ひっくりかえって　ころがって　います。
うさぎの　背中や　右足の　線は、
　　いきおいが　あります。
絵に　うごきが　あります。
ころがった　うさぎは
目も　口も　わらって　います。
おうえんの　うさぎたちも
　　わらって　いました。
『鳥獣戯画』では
　えがき方を　とても　よく
　　くふうして　います。
すばらしいです。

では、
なぜ、
うさぎたちは
わらって　いるのでしょうか。
この　すもうは、
かちまけを　えがいて　いません。
かえると　うさぎは
あそんで　いるのです。
かえると　うさぎは
なかよし　なのです。

絵巻の　絵は、
右から　左へと
話が　すすみます。
では　もう　一度、
この　場面を　見ましょう。
まず、
おうえんの　うさぎが　出てきます。
うさぎは、
「おいおい、それは　ないよ」と、
言って　います。
わらいながら　もんくを　言って　います。
つぎに、
すもうの　かえると　うさぎが
出てきます。
かえるは
うさぎの　耳を　かんで　います。
そして、
かえるが　うさぎを
力いっぱい　なげとばします。
うさぎは
おうえんの　かえるたちの　足元に
ころがります。

三びきの　おうえんの　かえるたちが
それに　はんのうして　います。
一まいの　絵ですが、
つぎつぎと
時間が　ながれて　います。
三びきの　おうえんの　かえるたちの
ポーズや　顔つきも、
本当に　すばらしいです。
それぞれの　かえるは、
どんな　気もち　なのでしょう。
今度は
きみたちが　考える　番です。

『鳥獣戯画』は、
今から　八百五十年ぐらい　前、
平安時代の　おわりごろに　できました。
『鳥獣戯画』だけでは　ありません。
この　時代には、
とても　すばらしい　絵巻が
たくさん　できました。

まず、
平安時代に
絵巻物が　できました。
つぎに　江戸時代には、
絵本（絵入り読み物）や
うつし絵（げんとうしばい）が　できました。
昭和時代には、
紙しばい、
漫画や
アニメーションが　できました。
それらを
子どもも　大人も
とても　楽しみました。

日本では、
言葉や　絵で
物語を　語って　います。
十二せいきから　今まで、
ずっと　つづいて　います。
それは、日本の　文化の
大きな　特色です。

大昔に、
まるで　**漫画や　アニメのような**
絵巻物が　生まれました。
なんと　すてきな　ことでしょう。
それに、
ひとつ　ひとつの　絵が、
自然で　のびのびして　います。
えがいた　人は
きっと、
自由な　心を　もって　いたのでしょう。
その　時代、
せかいの　どこにも
こんな　絵は　ありません。
八百五十年間、
時代の　変化や　火災が　ありました。
そのときも、
祖先たちは
『鳥獣戯画』を　大切に　まもりました。
そして、
祖先たちは
わたしたちに
『鳥獣戯画』を　つたえました。

だから、
『鳥獣戯画』は、
国宝で　あり、
人類の　宝なのです。

先生方へ

教科書の『鳥獣戯画』の挿絵を見せながら、学習を進めてください。

【国語の目標】

①『鳥獣戯画』の挿絵が、どの文章と結びついているかを知る。
②　筆者は、「絵巻物」をどんなものだと述べているかを知る。
③　最後の段落で、筆者が『鳥獣戯画』をどのように評価しているかを知る。

【日本語の目標】

①「まるで〜みたい・よう」の表現にふれる。
「まるで　人間みたい／まるで　漫画みたい／まるで　漫画の　ふき出しのよう／まるで　漫画や　アニメのような」など
②　擬音語・擬態語にふれる。
「がぶりと（かみました）／のびのびと（して）／ちゃんと（〜かんさつして）／しっかりと（えがいて）／ひょいと（立って）／ぱっと（〜ひらいて）／さっと（引きぬき）／「ゲロロッ」」など

【国語の授業用語】

「筆者／段落／絵巻物／感想」

リライト2
小学6年

『鳥獣戯画』を読む（説明文）

はっけよい、
　のこった。
蛙と兎が
相撲を　とっている。

野原には
秋の草花が　咲き乱れている。
蛙（かわず）が　外掛け、
すかさず　兎は
足を　からめて　返し技。
その名は　なんと、
かわず掛け。

おっと、
蛙が
兎の耳を　がぶりと　かんだ。
これは　反則技だ。
兎は
がまんできずに　顔を　そむけた。
兎が　ひるんだ　ところを
蛙が――。

墨一色で　描いている。
太い線と　細い線、
濃い墨と　うすい墨だけで　描いている。
のびのびと　すばらしい　描き方で、
気品が　ある。

動物たちは
みんな　生き生きと　活動している。
まるで　人間みたいに　遊んでいる。
けれども、
こんなに　人間みたいなのに、
何から何まで
本物の　生き物のままだ。
耳の先だけが
ぽちんと　黒いのは、
白い冬毛の　北国の野ウサギ。
蛙は　トノサマガエル。

まだら模様が　あって、
　背中の筋が　盛り上がっている。
空想だけで　描いたのでは　ない。
ちゃんと　動物を　観察している。
骨格も、手足も、毛並みも、
　ほぼ　正確に
　　しっかりと　描いている。

だから、
　この絵を　見ると、
　本当の　兎や　蛙たちが
　　さっきまで　四本足で
　　　掛けたり　跳びはねたり　していたと
　　　　思える。

そして、
　その兎や　蛙たちが
　今　ひょいと　立ちあがって
　　遊び始めたのだと　思える。

この絵は、
　『鳥獣戯画』の　一場面だ。
『鳥獣戯画』は、国宝の　絵巻物だ。
　「漫画の祖」とも　言われる。

なぜ　漫画の祖と
　よばれて　いるのだろうか、

それは、
　この一場面を　見ただけでも　わかる。
線だけで　描かれている。
大きさが　ちがう　兎と　蛙が
　相撲を　とっている。

どこか、
　おかしくて、おもしろい。
すごく　上手だけど、
　ほんとに　漫画みたいだ。

でも、
　それだけでは　ない。
ためしに、
　ぱっと
　　ページを　めくって　ごらん。

どうだい。
蛙が
　兎を　投げ飛ばしたように
　　動いて見えただろう。
アニメの原理と　同じだね。
『鳥獣戯画』は、
　漫画だけで　なく、
　　アニメの祖でも　あるのだ。

漫画は
　コマ割りを　すれば
　　動いて見える。
紙芝居でも、
　絵を　さっと　引きぬけば、
　　動いて見える。
それぞれ　やり方は　ちがう。
でも、
　漫画も　紙芝居も、
　動きを　生み出したり、
　場面を　うまく　転換したり　している。

そして
　時間を　進めながら、
　　お話を　語っていく。
『鳥獣戯画』などの　絵巻物では、
　長い紙に　絵を　連続して描いて、
　　漫画や紙芝居と　同じことを　した。
この二枚の絵も、
　本当は　つながって　いるのだ。

わかりやすく　するために、
　わざと　切りはなして
　　見てもらったのだ。

実際に　絵巻物を
　右から左へと
　　巻きながら　見ていこう。

相撲を取っていた蛙が
　兎を　投げ飛ばしたように　感じる。

もう少し　くわしく
　　絵を　見てみよう。

兎を投げ飛ばした　蛙の口から
　　線が　出ているだろう。

いったい
　これは　なんだろう。

けむりかな、
　それとも　息かな。

ポーズだけで　なく、
　目と口の　描き方を　見てみよう。

蛙の絵には、
　投げ飛ばした　ときの
　　激しい　気合いを　感じる。

そう、
　きっと　これは、
　　「ええい！」とか、
　　「ゲロロッ」とか、
　　　気合いの声　なのだろう。

まるで　漫画の　吹き出しのような　ことを
　　　　昔から　やっているのだ。

ひっくり返って　転がった兎の、
　背中や右足の線。

勢いが　あって、
　絵が　止まっていない。
動きが　ある。
しかも、
　兎は　投げられたのに、
　　目も口も　笑っている。

そういえば、
　前の絵の　応援していた　兎たちも　笑っていた。
ほんの少しの　筆の使い方で、
　　見事に　表現している。

では、
　なぜ、
　　兎たちは　笑っていたのだろうか。
それは　蛙と兎が　仲良しだからだ。
この　相撲も、
　対立や　真剣勝負を
　　描いているのでは　ないだろう。
　蛙の　ずるも　ふくめ、
　　仲良し同士の　遊びだからに　ちがいない。

絵巻の絵を　広げていくと、
　右から左へと
　　時間が　流れていく。
では　もう一度、
　この場面の　全体を　見てみよう。
まず、
　応援の兎が
　　「おいおい、それは　ないよ」と、
　　　笑いながら　抗議する。
その先を　見ると、
　相撲の蛙が
　　兎の耳を　かんでいる。

そして、
その蛙が　激しい気合いと　ともに
兎を　投げ飛ばす。

すると、
兎は　応援の蛙たちの　足元に　転がる。
三匹の応援の蛙は
その兎に　反応する。
一枚の絵でも、
次々と
時間が　流れていることが
わかるだろう。

また、
この三匹の応援の蛙の
ポーズと表情も　本当に　すばらしい。
それぞれの蛙が、
どういう　気分を　表現しているのか。
今度は
君たちが　それを　考える番だ。

今から　八百五十年ほど前、
この絵巻は　作られた。
平安時代の　終わりで、
平家が　天下を　取ろうとしていた　ころだ。
『鳥獣戯画』だけでは　ない。
この時代には、
とても　すぐれた　絵巻が
いくつも　制作された。
それらは、
上手な　絵と言葉で、
長い物語を　とても生き生きと　語っている。

そして、
　これら　絵巻物に　始まり、
　江戸時代には、
　　絵本（絵入り読み物）や
　　写し絵（幻灯芝居）が　登場した。
　昭和時代には、
　　紙芝居、漫画や
　　アニメーションが　登場した。

それらを、
　子どもだけでなく、
　大人も　おおいに　楽しんできた。
十二世紀から今日まで　ずっと、
　言葉だけでなく
　　絵の力を　使って
　　物語を　語ってきた。
これが　日本文化の　大きな特色なのだ。

十二世紀という　大昔に、
　まるで　漫画やアニメのような、
　とても　楽しく　モダンな　絵巻物が
　　　生み出された。

これは、
　なんと　すてきで
　　おどろくべき　ことだろう。

しかも、
　筆で　描かれた　どの絵も、
　とても　自然で　のびのびしている。
描いた人は
　きっと、
　　自由な心を　持っていたに　ちがいない。
十二世紀ごろに、
　これほど　自由な絵は
世界の　どこにも　見つかっていない。

描かれてから　八百五十年、
　多くの変転や　火災が　あった。

そのたびに
　祖先たちは
　　『鳥獣戯画』を　救い出した。

そのせいで
　一部が　失われたり　破れたりした。

それでも、
　祖先たちは
　　この絵巻物を　大切に保存し、
　　　私たちに　伝えてくれた。

だから、
　『鳥獣戯画』は、
　　国宝であり、人類の宝なのだ。

先生方へ

教科書の『鳥獣戯画』の挿絵を見せながら、学習を進めてください。

【国語の目標】

① 『鳥獣戯画』の「絵」について、どこを、どのように評価しているかが分かる。

② 筆者は、「絵巻物」をどのように評価しているかが分かる。

③ 筆者は『鳥獣戯画』を「人類の宝」と述べているが、その理由が分かる。

【日本語の目標】

① 「まるで〜みたい・〜よう」の表現を知る。

「まるで　人間みたいに／まるで　漫画の　吹き出しのような／まるで　漫画やアニメのような」など

② 慣用的表現を知る。

「何から何まで／天下を　取ろうとしていた」

③ 受身の表現を知る。

「（「漫画の祖」とも）言われる／（漫画の祖と）よばれて／（線だけで）描かれて／（この絵巻は）作られた／（いくつも）制作された／（絵

巻物が）生み出された／（筆で）描かれた」など

④　授受表現を知る。「～てくれる」

「伝えてくれた」

⑤　擬音語・擬態語を知る。

「がぶりと（かんだ）／のびのびと／ちゃんと（～観察している）／しっかりと（描いて）／ひょいと（立ちあがって）／ぱっと（～めくって）／さっと（引きぬけば）／「ゲロロッ」」など

【国語の授業用語】

「筆者／絵巻物／評価／感想」

リライト1　小学6年

海の命（物語）

「ぼくは　漁師に　なる。
　おとう　と　いっしょに
　海に　出るんだ。」と、
　　太一は
　　　子どもの　ころから
　　　　きめて　いました。

父は　漁師でした。
　海に　もぐって、
　　魚を　とって　いました。

そして、
　だれにも　もぐれない　瀬に
　　たった　一人で　もぐりました。

父は、
　二メートルも　ある　クエを
　　とりました。

でも、
　父は
　　じまん　しませんでした。

「海の　めぐみ　だから　なあ。」と、
父は　言いました。
十日間　つづいて
魚が　とれませんでした。
でも、
父は
いつもと
少しも　かわりませんでした。

ある日、
父は、
夕方に　なっても
帰りませんでした。
父の　船が
見つかりました。
船は　からっぽでした。
なかまの　漁師が
父を　さがしました。
父は、
水中で　しんで　いました。
ロープを　体に　まいた　ままでした。
ロープの　先には、
クエが　いました。
その　クエは、
光る　みどり色の　目を
して　いました。
瀬の主　でした。
父の　モリが
クエの　体に
ささって　いました。
みんなは
ロープを　引きました。

でも、
　クエは　うごきませんでした。
みんなは、
　ロープを　切りました。

中学を　そつぎょうする　年の　夏、
　太一は
　　与吉じいさんの　弟子に　なりたいと
　　　　思いました。
与吉じいさんは、
　一本づりを　して　いる　漁師でした。
毎日、
　太一の　父が　しんだ　瀬で
　　　　魚を　とって　いました。
太一は、
「弟子に　して　くれ。」と、
　　与吉じいさんに　たのみました。
「わしも　年じゃ。
今まで
　たくさん　魚を　とってきた。
もう
　　魚を　海に
　　自然に　あそばせて　やりたく　なっとる。」と、
　　　与吉じいさんは　ことわりました。
でも、
　太一は、
　むりやり　**与吉じいさんの　弟子に　なりました。**
太一の　しごとは、
　　つりばりに　えさを　つけたり、
　　つった　魚から　つりばりを　はずしたり
　　　　する　だけでした。

なかなか
つり糸を　にぎらせて　もらえませんでした。
与吉じいさんは　言いました。
「千びきに　一ぴきで　いいんだ。
千びき　いる　うち
一ぴき　つれたら　いい。
ずっと
この　海で　生きて　いけるよ。」と、
話して　くれました。

与吉じいさんは、
毎日
タイを　二十ぴき　だけ　とりました。
きせつが　かわると、
イサキや　ブリを　とりました。

弟子に　なって、
何年も　たちました。
ある朝、
太一と　与吉じいさんは、
いつものように　漁に　出ました。
漁の　しごとは、
もう　ほとんど　太一が　して　いました。
与吉じいさんは　言いました。
「おまえは、
村一番の　漁師だよ。
太一、
ここは　おまえの　海だっ」
与吉じいさんは、
年を　とって、
もう　船に　のりませんでした。
太一は、
与吉じいさんの　家に
毎日　魚を　もって　いきました。

ま夏の　ある日、
与吉じいさんは　しんでいました。
「海に　帰りましたか。
与吉じいさ、
心から　かんしゃして　います。
おかげさまで、
ぼくも
海で　生きられます。」と、
太一は、
りょう手を　合わせました。

与吉じいさんは、
父と　同じように
海に　帰って　いったのです。

母は、太一に　言いました。
「おまえが、
おとうの　しんだ　瀬に
もぐるのではないか。
とても　心配だよ。」

太一は、
たくましい　わかものに　なっていました。
ある日、
太一は、
いつもより　はやく
二十ぴきの　イサキを　とりました。
そのあと、
父が　しんだ　瀬に
船を　すすめました。
そして、
太一は
海に　もぐりました。
とても　気もちが　いいです。

海中では
光が　かがやきながら　こうさして　います。
太一は、
すばらしい　音楽を　聞いて　いる　ようでした。
とうとう、
太一は、
父の　海に　やって来たのです。
そのときから、
太一は、
瀬に　もぐりつづけました。
父を　やぶった　瀬の主を
さがしつづけました。

さがしつづけて　いると、
ゆめは　とつぜん　かなう　ものです。
太一は、
あなの　おくに、
青い　目を　見つけました。
太一は、
場所が　わかる　ように
海底に　もりを　さして、
水面に　うかんで　いきました。
いきを　すって　もどると、
同じ　場所に
同じ　青い　目が　あります。
ひとみは、　黒い　しんじゅの　ようでした。
はい色の　くちびるは、
ふくらんで　いて　大きいです。
刃物の　ような　歯が　ならんで　います。
魚が　えらを　うごかす　たびに、
水が　うごきます。
太一は、　こうふんして　いました。

でも、
おちついて　いました。
「これが
自分の　さがして　いた　クエなのか。
瀬の主なのか。」と、
思いました。
太一が
はな先に
もりを　つき出しても、
クエは　うごきません。
そのまま
時間が　すぎました。
太一は、
いきが　くるしく　なって、
また　うかんで　いきます。
もう　一ど
もどって　きても、
瀬の主は、
まったく　うごきません。
瀬の主は、
やさしい　目で
太一を　見て　いました。
この　大魚は、
太一に
「ころして　くれ。」と、
言って　いる　ようでした。
太一は、
はじめて
こんな　気もちに　なりました。
「この　魚を　とらなければ、
一人前の　漁師に　なれないのだ。」と、
太一は　なきそうに　なりました。

太一は、
水の中で　ふっと　ほほえみました。
もりの　刃先を　足の　方に　どけました。

そして、
クエに　むかって
もう　一ど　ほほえみました。

「おとう、
ここに　おられたのですか。
また　会いに　来ますから。」

太一は、
こう　思う　ことに　しました。

それで、
この　瀬の主を　ころしませんでした。

「この　大魚は、
この　海の　命だ。」と、
思いました。

やがて
太一は、
村の　むすめと　けっこんしました。

そして、
子どもを　四人　そだてました。

母は、
幸せに　くらして　いました。

太一は、
ずっと
村一番の　漁師でした。

そして、
千びきに　一ぴきしか　とらないから、
海の　命は
まったく　かわりません。

太一は、
あの日
巨大な
クエに
もりを
うちませんでした。

太一は、
そのことを
だれにも
話しませんでした。

先生方へ

【国語の目標】

① 太一の考え方に影響を与えた父と与吉じいさの言葉に線を引く。

② 太一の考え方が大きく変わったところに線を引く。

【日本語の目標】

① 比喩の表現にふれる。
「ひとみは 黒い しんじゅの ようでした。／刃物の ような歯」など

② 「〜たり、〜たり」の表現にふれる。
「つりばりに えさを つけたり、 つった 魚から つりばりを はずしたりする。」

③ 接続詞にふれる。
「でも／そして／それで」

④ 「〜（する）と、〜」の表現にふれる。
「きせつが かわると、〜／さがしつづけていると、〜／いきを すって もどると、〜」

【国語の授業用語】

「作者／登場人物／場面」

リライト2
小学6年

海の命（物語）

太一は
海の　そばに　住んでいた。
父も　その父も
同じ　海の　そばに　住んでいた。
海は
季節や　時間で　変わる。
でも、
太一は　どんな　海も　好きだった。
「ぼくは　漁師に　なる。
おとう　と　いっしょに
海に　出るんだ。」と、
太一は
子どもの　ころから
みんなに　言っていた。
父は　もぐり漁師だった。
だれにも　もぐれない　瀬に
たった　一人で　もぐった。

そして、
岩かげの　クエを　ついてきた。
父は、
二メートルもある　大物を　とっても、
じまんしなかった。
「海の　めぐみ　だからなあ。」と、
父に　言った。
十日間
魚が　とれなくても、
父は
いつもと　少しも　変わらなかった。

ある日、
父は、
夕方に　なっても　帰らなかった。
空っぽの　父の船が
瀬で　見つかり、
仲間の　漁師が
父を　さがした。
父は、
水中で　なくなっていた。
ロープを　体に　巻いたままだった。
ロープの　先には、
光る　緑色の目を　した
クエが　いた。
父の　もりを　体に　さした
瀬の主だった。
瀬の主は、
ロープを
何人で　引いても
全く　動かなかった。
まるで　岩のような　魚だった。
結局、
ロープを　切るしかなかった。
中学を　卒業する　年の　夏、
太一は
与吉じいさに
弟子に　してくれと
頼みに　行った。
与吉じいさは、
一本づりを　している　漁師だった。
太一の　父が　死んだ　瀬に
毎日
一本づりに　行っていた。

「わしも　年じゃ。
今まで　たくさん　魚を　とってきた。
もう　魚を　海に　自然に　遊ばせて　やりたく　なっとる。」と、
与吉じいさは　ことわった。

「年を　とったのなら、
ぼくを　つえの　代わりに　使ってくれ。」

こうして、
太一は、
無理やり　与吉じいさの　弟子に　なったのだ。

与吉じいさは、
瀬に　着くと、
すぐに　小イワシを　つり針に　かけて、水に　投げる。

それから、
ゆっくりと　五十センチも　ある　タイを　たぐりあげた。

バタ、バタ、バタと、
タイが　暴れて　甲板を　打っている。

太一は　なかなか　つり糸を　にぎらせて　もらえなかった。

太一の　仕事は、
つり針に　えさを　付けたり、
つった魚から　つり針を　はずしたり　するだけだった。

与吉じいさは、
「千びきに　一ぴきで　いいんだ。
千びき　いるうち
一ぴきを　つれば、
ずっと
この　海で　生きて　いけるよ。」と、
独りごとのように　言った。

与吉じいさは、
毎日
タイを　二十ぴき　とると、
もう　道具を　片付けた。

季節が　かわると、
イサキや　ブリを　とった。

弟子になって
何年も　たった　ある朝の　ことだった。

太一は、
与吉じいさと
いつものように
同じ　瀬に　漁に　出た。

そのころには、
漁の　仕事は、
もう　ほとんど　太一が　やっていた。

与吉じいさは　言った。
「自分では　気づかないだろうが、
おまえは、
村一番の　漁師だよ。

太一、
ここは　おまえの　海だ。」

与吉じいさは、
もう　船に　乗らなかった。

太一は、
与吉じいさの　家に
毎日　魚を　持っていった。
真夏の　ある日、
与吉じいさは、
毛布を　のどまで　かけて
ねていた。

太一は、
与吉じいさが　なくなったことが　わかった。
「海に　帰りましたか。
与吉じいさ、
心から　感謝して　おります。
おかげさまで、
ぼくも　海で　生きられます。」
太一は、
自然な　気持ちで
両手を　合わせた。
父と　同じように
与吉じいさも、海に　帰っていったのだ。

ある日、母は　言った。
「おまえが、
おとうの　死んだ　瀬に
もぐるのではないか。
そう思うと、
私は　心配で、
夜も　ねむれないよ。」
太一は、
たくましい　若者に　なっていたのだ。

太一は、
いつもより　はやく
二十ぴきの　イサキを　とって、
父が　死んだ　瀬に
船を　進めた。

そして、
太一は、
いかりを　下ろして、
海に　飛びこんだ。

水が
はだに　ここちよく　感じられる。

光が
海中に
まっすぐに　差しこんでいる。

その　光は、
波が　動くと、
かがやきながら　交差する。

太一は、
壮大な　音楽を
聞いている　ようだった。

とうとう、
太一は、
父の　海に　やって来たのだ。

太一が　瀬に　もぐり続けて、
ほぼ　一年が　過ぎた。

父を　最後に
もぐり漁師は　いなくなった。

だから、
瀬には
アワビも　サザエも　ウニも
たくさん　いた。

激しい　潮の流れに　守られて、
生きていた。

二十キロぐらいの　クエも
見かけた。
だが、
太一は、
興味を　もてなかった。
追い求めていると、
夢は　とつ然　かなうものだ。
太一は、
海草が　ゆれている　穴の　おくに、
青い　宝石の　目を　見た。
太一は、
場所が　分かるように
海底に　もりを　さして、
水面に　うかんでいった。
息を　吸って　もどると、
同じ　場所に
同じ　青い　目が　ある。
ひとみは、　黒い　しんじゅの　ようだった。
灰色の　くちびるは、
ふくらんでいて　大きい。
刃物のような　歯が　並んでいる。
魚が　えらを　動かすたびに、
水が　動いた。
その魚は、
百五十キロ　以上　ありそうだ。
興奮していながら、
太一は、
冷静だった。
「これが
自分の　探していた　まぼろしの　魚、
父を　破った　瀬の主なのか。」と、　思った。

太一が
鼻づらに　もりを　つき出しても、
クエは　動かなかった。

そのまま
時間が　過ぎた。
太一は、
息が　苦しくなって、
また　うかんでいく。

もう　一度
もどってきても、
瀬の主は、
同じ所で
太一を　見ていた。
おだやかな　目だった。

太一は、　思った。
「この　大魚は、
自分に　殺されたがっている。」と。

太一は、
はじめて
こんな　気持ちに　なった。

でも、
「この　魚を　とらなければ、
一人前の　漁師に　なれないのだ。」と、
太一は、泣きそうに　なった。

太一は、
水の中で
ふっと　ほほえんだ。

そして、
もりの　刃先を　足の　方に　どけた。
クエに　向かって
もう　一度　ほほえんだ。

「おとう、
　ここに　おられたのですか。
　また　会いに　来ますから。」
太一は、
　こう　思うことで、
　瀬の主を　殺さないで　すんだ。
「この　大魚は、
　この　海の　命だ。」と、思った。

やがて
　太一は、
　村の　むすめと　けっこんし、
　子どもを　四人　育てた。
太一の母は、
　おだやかで　幸せな　おばあさんに　なった。
太一は、
　ずっと
　村一番の　漁師だった。
そして、
千匹に　一匹しか　とらないから、
　海の　命は
　全く　変わらない。
太一は、
　あの日、
　巨大な　クエを　見かけたが、
　もりを　打たなかった。
太一は、
　そのことを
　生涯
　だれにも　話さなかった。

先生方へ

【国語の目標】

① 父、与吉じいさ、太一は、海に生きるということを、どう考えているか、文中より見つけ、発表する。

② 物語の中で、主人公の見方、考え方や人物どうしの関係が大きく変わるところを物語の「山場」という。太一の考え方が大きく変わったところを見つけ、発表する。

③ 「海の命」という言葉が二回出てくる。
それぞれどういうことを表しているか、考える。

【日本語の目標】

① **連体修飾表現を知る。**
「五十センチも　ある　タイ／海草が　ゆれて　いる　穴／自分の　探して　いた　まぼろしの　魚」など

② **擬音・擬態語を知る。**
「バタバタ、バタバタと（暴れて）／ふっと（ほほえんだ）」など

③ **「〜ても、〜。」の表現を知る。**
「二メートルも　ある　大物を　とっても、〜／夕方に　なっても、〜／ロープを　何人で　引いても／鼻づらに　もりを　つき出しても、／もう一度　もどって　きても、〜」

【国語の授業用語】

「題名／情景／人物像／心情／山場」

リライト1　小学6年

平和のとりでを築く（説明文）

一九四五年、
八月六日　午前　八時十五分、
原子ばくだんが、広島市に　おちました。
たくさんの　たてものが　こわれました。
たくさんの　人が　しにました。

さんぎょうしょうれいかんも
原ばくで　こわれました。
だ円形の　ドームだけが、
のこりました。

それで、
今、
人々は、
この　たてものを、
「原ばくドーム」と　いいます。

戦争が　おわって、
人々は、
話し合いました。
この　原ばくドームを
のこすか、
のこさないか、
話し合いました。

広島に
一人の　少女が　いました。
一九六〇年、
この　少女は、
原ばくで　びょう気に　なり、
しにました。

少女は、
日記に　書きました。
「この　さんぎょうしょうれいかんだけが、
いつまでも
原ばくの　おそろしさを
つたえて　くれるだろう。」と、
書きました。

広島の　人々は、
この　日記を
読みました。

一九六〇年の春、
広島の　人々は、
「この　ドームを
ずっと　のこす」と、
きめました。

全国の　人々は、
新聞や　テレビで
ドームを　のこすことを
知りました。

人々は、
手紙や　お金を
たくさん　おくって　きました。

それで、
「原ばくドーム」は、
のこりました。

一九九二年、
日本は、
ユネスコの　せかいいさんじょうやくの
なかまいりを　しました。

ユネスコは、
せかいの　文化いさんと
自然いさんを
大切に　まもります。

たとえば、
文化いさんは、
エジプトの　ピラミッド、
ギリシャの　オリンピアいせき、
日本の　ひめじじょう、などです。
自然いさんは、
やく島などです。

広島で
人々が、
「原ばくドームを
せかいいさんに しよう」と、
活動を はじめました。

一九九六年、
「原ばくドーム」が、
せかいいさんに きまりました。
せかいの 人々は、
平和を ねがって います。

原ばくドームは、
せかいの 人々に
知らせて います。

「かくへいきを
二どと つかっては いけない。
かくへいきは、いらない。」と
知らせて います。

国連の
ユネスコけんしょうには、
つぎのように 書いて います。

「戦争は、
人の 心の 中で
生まれる。

だから、
人の 心の 中に
平和の とりでを
つくらなければ ならない。」

人々が、
「原ばくドーム」を
見ます。

すると、
人々は、
心の　中に、
平和の　とりでを
つくる　ことが　できます。

先生方へ

【国語の目標】

① 原爆ドームが保存されることになったのはなぜかを知る。
② 原爆ドームが世界遺産になったのはなぜかを知る。

【日本語の目標】

① 接続詞にふれる。
「それで／だから／すると」
② 指示語（こそあど言葉）の働きを知る。
「この」
③「たとえば、～」という表現にふれる。
「たとえば、文化いさんは」

【国語の授業用語】

「筆者／指示語」

リライト2　小学6年

平和のとりでを築く（説明文）

広島市は、
一発の原子爆弾で
破かいされた。

しかし、産業奨励館は傷だらけで残った。

この建物の真ん中に楕円形の丸屋根（ドーム）がある。

広島の人々は、産業奨励館を「原爆ドーム」と呼んで保存している。

人々はなぜ原爆ドームを保存しているのだろうか。

広島市の中心に、川がある。

原爆ドームは、その川のそばに建っている。

一九四五年、八月六日午前八時十五分、原子爆弾が、広島市に落とされた。

強い熱線と爆風と放射能で、たくさんの市民が死んだ。

川の中も、死んだ人で、いっぱいだった。

産業奨励館は、爆心地の近くにあった。

それで、
この建物は、焼けたが、
丸屋根の鉄骨は　残った。

戦争は　終わった。

広島では、
人々が、
この建物（原爆ドーム）を
保存するか、
保存しないか、
話し合った。

一九六〇年の春、
人々は、
「このドームを
永久に　保存する」と、
決めた。

それは、
人々が
一人の少女の日記を
読んだからだ。

この少女は、
赤ちゃんのとき　被爆した。

そして、
十数年たって
白血病で　死んだ。

日記には、
「この産業奨励館だけが、
いつまでも
原爆の　おそろしさを
伝えて　くれるだろう。」と、
書いてあった。

全国の人々は、
新聞やテレビで
原爆ドームを　保存することを
知った。

それで、
保存を願う　手紙や寄付を
たくさん　送ってきた。

一九九二年、
日本は、
ユネスコの　世界遺産条約に
加盟した。

ユネスコには、
世界の大切な遺産を　守る　制度が　ある。

これは、
文化遺産と
自然遺産を　守る　制度である。

文化遺産は、
人間の歴史に
大きな役割を　果たした　遺産である。

自然遺産は、
地球上の　貴重な　自然の遺産である。

エジプトの　ピラミッド、
ギリシャの　オリンピア遺跡、
日本の　姫路城、屋久島など、
すでに
六百以上が、
世界遺産と　なっている。

広島で
人々が、
「原爆ドームを　世界遺産にしよう」と
活動を　はじめた。

原爆ドームは、
小さくて、
歴史の短い　遺跡である。

しかし、
一九九六年、
原爆ドームは、
世界遺産に　なった。

それで、
世界の人々が
平和を
強く　求めていることが　わかった。

原爆ドームは、
記念碑である。

これは、
「核兵器を
二度と　使ってはいけない。
核兵器は、不必要だ。」と、
世界の人々に　教えている。

国連のユネスコ憲章には、
「戦争は
人の心の中で　生まれる。
だから、
人の心の中に
平和のとりでを
築かなければならない。」と、
書いてある。

原爆ドームは、
それを見る人の心の中に
平和のとりでを　築くための
世界の遺産なのだ。

先生方へ

【国語の目標】

① 原爆ドームが保存されることになったのはなぜかを考える。

② 原爆ドームが世界遺産になったのはなぜかを考える。

【日本語の目標】

① 接続詞を知る。

「しかし／それで／そして／だから」

② 指示語（こそあど言葉）の働きを知る。

「この／その／それ／これ」

③ 「〜から（だ）」という表現を知る。

「読んだからだ」

【国語の授業用語】

「筆者／根拠／主張」

2 中学校の教材（光村図書）

リライト1 中学1年

少年の日の 思い出（小説）

客（友人）は
夕方の 散歩から 帰って きました。
友人と わたしは
書斎で 話を しました。
わたしの 一番下の 男の子が、
おやすみを 言いました。
それで、
わたしたちは、
子どもの ことや、
子どもの ときの 思い出を 話し合いました。
わたしは 言いました。
「ぼくは、一年前から
また ちょうを 集めて いるよ。
見せようか。」
友人は、
「見せて ほしい。」と 言いました。
わたしは、
収集の 箱を とって きました。
その とき、
もう すっかり 暗く なって いました。
それで、
わたしは、
マッチで ランプを つけました。
すると、
わたしの ちょうは、
ランプの 光で かがやきました。

わたしたちは、
　うつくしい　形や　色を　ながめました。
友人は、
　一つの　ちょうを
　用心ぶかく　とり出しました。
そして、
　友人は　羽の　うらがわを　見ました。
友人は、
「ちょうを　見ると、
　子どもの　ときを　すごく　思い出すんだ。
ぼくは、
　ねっしんな　収集家だった。」と　言いました。
そして、
　友人は　ちょうを　箱に　もどしました。
友人は、
「もう、いいよ。」と　言いました。
いやな　思い出が
　友人には　あるようでした。
友人は、
「きみの　収集を　よく　見なかった。
わるく　思わないで　ほしい。
ぼくも　子どもの　とき、
　ちょうを　収集　して　いたんだ。
でも、
　ぼくは
　その　思い出を
　だめに　して　しまった。
はずかしいが、
　聞いて　ほしい。」と　言いました。
友人は
　まどの　ふちに　こしかけて、
　つぎのように　話しました。

ぼくは、
八つか　九つの　とき、
ちょう集めを　はじめました。
十さい　ぐらいの　夏には、
ちょう集めに　むちゅうに　なりました。

ぼくは、
朝　早くから　夜まで
ちょうを　おいかけました。

ぼくは、
学校の　時間も　お昼ごはんも
わすれて　いました。

みんなは、
「ぼくに　ちょう集めを　やめさせたい。」と
何度も　考えました。

ぼくは、
今でも
うつくしい　ちょうを　見ると、
うっとり　した　気持ちに　なります。

あの　ころの　ぼくは、
まるで　たからを　さがす　人のようでした。

ぼくは、
うつくしい　ちょうを　見つけると、
よろこびで　いきが　つまりそうに　なりました。

その後、
ぼくが　そんな　気持ちに　なった　ことは
あまり　ありません。

ぼくは、
収集を　つぶれた　ボール紙の　箱に
しまって　いました。

はじめの　うち、
ぼくは、
この　たからものを
たびたび　仲間に　見せました。

でも、
　友だちは
　ガラスの　ふたの　木箱や、
　ガーゼを　はった　しいく箱を　もって　いました。
それで、
　ぼくは、
　　たからものを　自慢　できなく　なりました。
ぼくは、
　たからものを　妹たちにだけ　見せました。
ある　とき、
　ぼくは、
　　めずらしい　コムラサキを　とらえました。
ぼくは　それを　展翅　しました。
ぼくは　とくいに　なりました。
ぼくは、
　となりの　エーミールにだけ
　　それを　見せたいと　思いました。
エーミールは、
　何でも　よく　できる　子どもでした。
かれの　収集は　きれいで、
　　　手入れが　正確でした。
それは、
　まるで　ほうせきの　ようでした。
かれは、
　あらゆる　点で　もはん少年でした。
それで、
　ぼくは
　エーミールを　うらやましく　思いながら
　　　にくんで　いました。
ぼくは、
エーミールに　コムラサキを　見せました。
かれは、
「これは　めずらしい。」と　言いました。

でも、
　かれは　コムラサキの　欠点を　言いました。
かれは、
「展翅の　しかたが　わるい。
右の　触角が　まがって　いる。
左の　触角が　のびて　いる。」と　言いました。
かれは、
　足が　二本　ない　ことも
　　　　　　　　　見つけました。
ぼくは　ふかく　きずつきました。
ぼくは
　二度と　かれに　ちょうを　見せませんでした。
二年　たちました。
ぼくは、
　まだ　ちょう集めに　むちゅうでした。
ぼくは
　クジャクヤママユが
　一番　ほしかったです。
ぼくは
　ちょうの　本の　クジャクヤママユを
　　　　　　　　何度も　ながめました。
クジャクヤママユが　羽を　広げます。
すると、
　四つの　大きな　光る　斑点が
　　　　　　　　　　　出て　きます。
鳥は　クジャクヤママユの　斑点を　おそれて、
　　　　　　　　　　　　こうげき　しません。
ぼくは、
「エーミールが
　クジャクヤママユを　もって　いる。」と
　　　　　　　　　　　　　　聞きました。

ぼくは、
　クジャクヤママユの　斑点を
　　　　　　　とても　見たいと　思いました。
夕食後　ぼくは、
　エーミールの　家へ　いきました。
ぼくは、
　四階の　エーミールの　へやを　ノックしました。
エーミールは　いませんでした。
入り口は　あいて　いました。
ぼくは、
　クジャクヤママユを　見たいと　思って、
　　　　　　　　　　　　へやに　入りました。
クジャクヤママユは
　展翅板に　とめて　ありました。
その　羽は、
　細長い　紙切れで
　　　　　　　のばして　ありました。
ぼくは、
　クジャクヤママユを
　　　すみずみまで　ながめました。
でも、
　ぼくは、
　　大きな　光る　斑点を
　　　見る　ことが　できませんでした。
大きな　光る　斑点は、
細長い　紙切れの　下に　かくれて　いました。
ぼくは　どきどき　しながら
　　　　とめばりを　はずしました。
すると、
　四つの　大きな　ふしぎな　斑点が　見えました。
それは、
　さし絵より　ずっと　うつくしく、
　　　　　ずっと　すばらしかったです。

ぼくは、
この　たからが　ほしくて、
がまん　できなく　なりました。
それで、
ぼくは、
ちょうを　てのひらに　のせました。
そして、
エーミールの　へやから　もち出しました。
ぼくは、
とても　まんぞく　して　いました。
その　ときです。
足音が　聞こえました。
だれかが
かいだんを　上がって　きました。
ぼくは　はっと　しました。
ぼくは、
ぬすみを　した　ことに、
はじめて　気が　つきました。
ぼくは、
手を　ポケットに　つっこみ、
ちょうを　かくしました。
お手伝いさんが　上がって　きました。
ぼくは、
びくびく　しながら
すれちがいました。
そして、
ぼくは、
自分の　した　ことが　こわく　なって、
立ち止まりました。
すぐに　ぼくは、
この　ちょうを　かえさなければ　いけないと
気づきました。

ぼくは、
エーミールの　へやに
いそいで　もどりました。
ぼくは、
ちょうを　つくえの　上に　おきました。
クジャクヤママユは、
つぶれて　いました。
ぼくは　なきそうでした。
クジャクヤママユは、
前羽が　一つと　触角が　一本
なくなって　いました。
ちぎれた　羽は、
ばらばらに　なって　いました。
ぼくは　ちょうを　ぬすんで、
心が　くるしく　なって　いました。
ぼくは、
つぶした　ちょうを　見て、
もっと　くるしく　なりました。
ぼくは、
かなしい　気持ちで
家に　帰りました。
夕方に　なりました。
ぼくは、
勇気を　出して、
母に　すべてを　話しました。
母は、
おどろき　かなしみました。
でも、
「あなたは、
エーミールの　ところに
行かなければ　いけません。」と、
母は　きっぱりと　言いました。

「あなたの　だいじな　ものを
　エーミールに　あげなさい。
そして、
　　ゆるして　くださいと、
　　　たのまなければ　いけません。」と、
　　　　　　　　　　　母は　言いました。

ぼくは、
「エーミールは、
　ぼくの　話を　聞かない　だろう。
　それに、しんじない　だろう。」と
　　　　　　　　　　　思って　いました。
夜に　なりました。
ぼくは、
　エーミールの　ところへ
　　まだ　行く　ことが　できませんでした。
母は、
「今日で　なければ　いけません。
　さあ、行きなさい。」と　言いました。
それで、
　ぼくは、
　　エーミールの　ところへ　行きました。
かれは　すぐに、
「だれかが
　クジャクヤママユを
　　すっかり　だめに　して　しまった。
わるい　やつが　やったのか、
　ねこが　やったのか　わからない。」と　言いました。
ぼくは、
　展翅板の　つぶれた　ちょうを　見ました。
エーミールは、
　なおそうと　して　いました。
でも、
　エーミールにも　なおす　ことが　できませんでした。

「ぼくが　やったのだ。」と
　　ぼくは　言いました。
そして、
　ぼくは、
　　くわしく　話そうと　しました。
すると、
　エーミールは
　「ちぇっ。」と　舌を　鳴らしました。
　　じっと　ぼくを　見つめて　いました。
それから　エーミールは、
「そうか、そうか、
　きみは　そんな　やつ　なんだな。」と　言いました。
ぼくは　エーミールに、
「ぼくの　おもちゃを　みんな　やる。」と　言いました。
かれは、
　ばかに　したように
　　ぼくを　見つめて　いました。
ぼくは、
「ぼくの　ちょうを　ぜんぶ　やる。」と　言いました。
かれは、
「いらないよ。
　ぼくは、
　　きみの　ちょうを　もう　知って　いる。
　それに、
　　きみは　ちょうを　だいじに　できないんだ。
　それが　わかった。」と　言いました。
かれは　ばかに　して、
　ぼくの　前に　立って　いました。
そして、
　ぼくを　じっと　見つめて　いました。
その　とき、
はじめて　ぼくは　わかりました。

ぼくは、
「一度　おきた　ことは
もう　つぐないが　できない。」と、
わかりました。
ぼくは　家に　帰りました。
母は、
ぼくに　何も　聞きませんでした。
母は、
ぼくに　キスだけ　しました。
ぼくは　うれしく　思いました。
ぼくは、
ねる　前に、
収集の　箱を　とって　きました。
ぼくは、
くらい　へやの　中で、
ちょうを　一つ　一つ　とり出しました。
そして、
ぼくは、
ゆびで　ちょうを
こなごなに
おしつぶして　しまいました。

先生方へ

【国語の目標】

① 作品の構成を知る。
　＊前半部分は「私」と「客」の会話・後半部分は「客（僕）」の回想
② 後半部分を場面分けし、それぞれのあらすじを知る。

【日本語の目標】

①「～なければ　いけない」の表現にふれる。
「かえさなければ　いけない／行かなければ　いけません／たのまなければ　いけません／今日で　なければ　いけません」

②「～ながら　～する」の表現にふれる。
「うらやましく　思いながら　にくんで　いました／どきどき　しながら
とめばりを　はずしました／びくびく　しながら　すれちがいました」

③　連体修飾表現にふれる。
「つぶれた　ボール紙の　箱／ガーゼを　はった　しいく箱」

④　擬音・擬態語にふれる。
「どきどき（する）／はっと（する）／びくびく（する）／ばらばら（に
なる）／じっと（見る）」

⑤　接続詞にふれる。
「それで／すると／でも／そして／それから／それに」

【国語の授業用語】
「あらすじ／語り手／回想／場面」

リライト2 中学1年

少年の日の思い出（小説）

客（友人）は、
　夕方の散歩から　帰ってきた。
客は、
　私の書斎で
　私の　そばに　腰掛けていた。
窓の外には、
　薄暗い湖が
　遠くまで　広がっていた。
私の　一番下の　男の子が、
　　おやすみを　言った。
それで、
　私たちは、
　　自分の　子供のことを　話した。
　自分が　子供のときの　思い出話も　した。

私は、
「子供が　生まれてから
自分の　子供のときの　習慣や楽しみ事を、
また　思い出したよ。

それに、
一年前から
僕は　また　ちょう集めを　やっているよ。
お見せしようか。」と　言った。
客は、
「見せてほしい。」と　言った。
私は、
ちょうを収集した　厚紙の箱を
取りに　行ってきた。
私は　最初の箱を　開けた。
そのとき　初めて、
私は
もう　すっかり　暗くなっていると　気づいた。
私は　ランプを　取って、
マッチで　明かりを　つけた。
すると、
外は　闇に　包まれて、
景色は　見えなくなった。
私の　ちょうは、
明るい　ランプの光を　受けて、
箱の中で　きらびやかに　光り輝いた。
私たちは　体を　かがめて、
美しい形や、
こい　見事な色を　ながめた。
私たちは、
ちょうの名前も　言った。
「これは　ワモンキシタバで、
ラテン名は　フルミネア。

ここらでは　とても　珍しい　やつだ。」と、
私は　言った。

友人は、
一つの　ちょうを、
ピンが付いたまま
用心深く　取り出した。

そして、
羽の裏側を　見た。

彼は、
「妙なものだ。
ちょうを　見ると、
幼年時代の事を　一番よく　思い出すんだ。
僕は　小さい少年の頃、
熱情的な　ちょうの収集家だったものだ。」と　言った。

そして、
彼は　ちょうを　元の場所に　刺して、
箱の　ふたを　閉じた。

「もう、結構。」と
彼は　早口に　言った。

彼には
いやな思い出が　あるようだった。

私は　箱を　しまって、
書斎に　戻ってきた。

すると、
彼は　微笑して、
「巻きたばこを　くれ。」と
私に　頼んだ。

彼は
「君の収集を　よく見なかったけれど、
悪く　思わないでほしい。
僕も　子供のとき、
ちょうを　収集していたんだ。

でも　残念ながら、
自分で　その思い出を　けがしてしまった。
話すのも　恥ずかしいが、
聞いて　もらおう。」と　言った。
彼は
ランプの　ほやの上で
たばこに　火を　つけた。
そして、
ランプに　緑色の　かさを　のせた。
すると、
私たちの顔は、
快い　薄暗がりに　包まれた。
彼は
開いた窓の縁に　腰掛けた。
彼の姿は、
外の闇と　ほとんど　見分けが　つかなかった。
私は　葉巻を　吸った。
外では、
かえるが、
遠くから　甲高く　鳴いていた。
友人は、
その間に　次のように　語った。
僕は、
八つか　九つのとき、
ちょう集めを　始めた。
初めは　熱心でも　なく、
はやりだったので、
やっていただけだった。
ところが、
十歳ぐらいに　なった　二度目の夏、
僕は　すっかり
ちょう集めの　とりこに　なってしまった。

そのため、
　僕は　ちょう集めに　打ち込んでしまって、
　　他のことは　すっかり　すっぽかしてしまった。
みんなは、
　僕に　ちょう集めを　やめさせたいと、
　　何度も　考えたほどだった。
僕は、
　ちょうを　採りに　出かけると、
　　学校の時間も　お昼ご飯も　気に　ならなかった。
　　塔の時計が　鳴るのも　耳に　入らなかった。
僕は　休暇になると、
　パンを一切れ　胴乱に入れて、
　　朝早くから夜まで、
　　　たびたび　駆け歩いた。
僕は、
　今でも
　　美しい　ちょうを見ると、
　　　あの　熱情が　身に　しみて　感じられる。
　子供だけが感じる
　　　あの　なんともいえない
　　　　うっとりした気持ちに　なる。
僕が、
　少年の頃、
　　初めて　キアゲハに
　　　しのび寄ったときの　気持ちだ。
また　そんなとき、
　僕は、
　　幼い日の無数の瞬間を　思い浮かべるのだ。
焼けつくような　昼下がり、
　涼しい朝、神秘的な夕方、
　僕は　まるで　宝を　探す人のようだった。

僕は　網を　持って、
美しい　ちょうを　待ちぶせていたものだ。
色が　ついた羽を
上げ下げしている　ちょうを　見つけると、
とらえる喜びに　息も　つまりそうに　なるのだ。
少しずつ　しのび寄ると、
輝いている色の斑点の　一つ一つ、
透き通った羽の脈の　一つ一つ、
触覚の細い　とび色の毛の　一つ一つが　見えてくる。
僕は　そのとき、
この上なく　緊張し、歓喜した。
そうした　微妙な喜びと、
激しい欲望との　交じった気持ちは、
その後、あまり感じたことは　なかった。
僕の両親は、
立派な道具なんか　くれなかった。
だから、
僕は、
古い　つぶれた　ボール紙の箱に
自分の収集を　しまうしか　なかった。
僕は、
こんな箱の中に、
自分の宝物を　しまっていた。
初めのうち、
僕は、
自分の収集を
喜んで　たびたび　仲間に　見せた。
でも、
仲間は、
ガラスの　ふたの　ある　木箱や、
緑色のガーゼを　はった　飼育箱や、
その他　ぜいたくなものを　持っていた。

だから、
僕は、
自分の　幼稚な設備を
仲間に　自慢なんか　できなかった。
評判になるような　ちょうでも、
仲間に　ないしょに　した。

そして、
僕は　妹たちだけに　見せるように　なった。

あるとき、
僕は、
珍しい、青い　コムラサキを　とらえて、
展翅した。

僕は、
得意になって、
隣の子供にだけは　見せたいと　思った。

彼は、
中庭の向こうに　住んでいる
先生の息子だった。

この少年は、
非の打ちどころが　ない　子供だった。

それは、
僕から見れば、
二倍も　気味悪い　性質だった。

彼の収集は　小さく貧弱だったが、
こぎれいで、
手入れが　正確だった。
一つの　宝石のようなものに　なっていた。

そのうえ、
彼は、
非常に難しい、
珍しい技術を　使うことが　できた。

彼は、
傷んだり　壊れたりした　ちょうの羽を、
にかわで　継ぎ合わせていたのだ。

とにかく、
彼は　あらゆる点で　模範少年だった。

そのため、
僕は　彼を妬み、
感心しながら　憎んでいた。

僕は、
この少年に　コムラサキを　見せた。

彼は、
専門家らしく　コムラサキを　鑑定し、
珍しいと　認めた。
二十ペニヒぐらいの値打ちは　あると、
値段を　つけた。

それから、
彼は、
展翅の　しかたが　悪いとか、
右の触覚が　曲がっているとか、
左の触覚が　伸びているとか、
難癖を　つけ始めた。

そのうえ、
彼は、
足が二本　欠けている　という
欠陥を　発見した。

僕は、
それを　欠点とは　考えなかった。

けれども、
こっぴどい　批評家のために、
僕の　獲物に対する喜びは
かなり　傷つけられた。

それで、
僕は、
二度と　彼に　獲物を　見せなかった。
二年たって、
僕たちは、
もう　大きな少年に　なっていた。
でも、
僕の　ちょう集めの熱情は
まだ　絶頂に　あった。
その頃、
エーミールの　うわさが　広まった。
あのエーミールが
クジャクヤママユを
さなぎから　かえしたと　いうのだ。
僕たちの仲間で
まだ　クジャクヤママユを　とらえた者は　いなかった。
僕は、
古い　ちょうの本の挿絵で
見たことが　あるだけだった。
僕の箱に　まだ　クジャクヤママユは　なかった。
僕が　名前を知っていて、
最も欲しかった　ちょうは
クジャクヤママユだった。
僕は　何度も　くり返し、
クジャクヤママユの挿絵を　眺めた。
友達の一人は、僕に
「鳥や　他の敵が
木や　岩に止まっている
とび色のクジャクヤママユを　見つけると、
攻撃しようと　する。

すると、
　この　ちょうは、
　　黒みがかった　前羽を　広げ、
　　　美しい　後ろ羽を　見せるだけだ。

でも、
　後ろ羽の　大きな　光る斑点は、
　非常に不思議な　思いがけない　外観を　現す。

だから、
　鳥は　恐れて、
　　手出しを　やめてしまう。」と　語った。

僕は、
　　エーミールが
　　　この不思議な　ちょうを持っていると　聞いた。

僕は　興奮してしまって、
　その　ちょうを　見たくて
　　　がまん　できなくなった。

食後　すぐに、
　僕は　中庭を越えて、
　　隣の家の四階へ　上がっていった。

そこに、
　例の　先生の息子は、
　　　自分だけの部屋を　持っていた。

それが、
　僕には　どんなに羨ましかったか　わからない。

僕は　誰にも会わないで、
　エーミールの部屋の戸を　ノックした。

エーミールは　いなかった。

僕が　ドアのハンドルを　回してみると、
　　　　入り口は　開いていた。

僕は、
　クジャクヤママユを　見たいと　思って、
　　　　　　中に　入った。

僕は　すぐに、
　エーミールの　二つの大きな収集箱を
　　　　　手に　取った。

その　ちょうは
　どちらの箱にも　見つからなかった。

クジャクヤママユは
　展翅板に　留められていた。
　とび色の　ビロードの羽を
　　細長い紙切れで　張り伸ばされていた。

僕は、
　毛の生えた　赤茶色の触覚や、
　優雅で、微妙な色をした　羽の縁を　眺めた。
　下羽の内側にある
　　細い　羊毛のような　毛なども、
　　　残らず　間近から　眺めた。

しかし、
　　僕は
　　　あの有名な斑点を　見ることが　できなかった。

斑点は
　細長い　紙きれの下に　なっていたのだ。

僕は
　紙切れを　取りのけたい　という
　　　　誘惑に　負けた。
　胸を　どきどき　させながら、
　　　留め針を　抜いた。

すると、
　四つの　大きな　不思議な斑点が
　　　僕を　見つめた。

挿絵よりは　ずっと　美しく、
　ずっと　すばらしく、
　　僕を　見つめた。

僕は、
この宝を　手に入れたい　という
激しい欲望を　抑えられなかった。

そして、
僕は、生まれて初めて
盗みを　犯した。

僕は、
ちょうのピンを　そっと　引っ張った。
ちょうは、もう　乾いていたので、
形は　くずれなかった。

僕は、
それを　てのひらに　のせて、
エーミールの部屋から　持ち出した。

そのとき、
僕は、
大きな満足感のほか
何も　感じていなかった。

僕は　ちょうを　右手に隠して、
階段を　下りていた。

そのときだ。
誰かが　僕の方へ　上がってくる
足音が　聞こえた。

その瞬間に、
僕の良心は　目覚めた。

僕は　突然、
「自分は　盗みをした　下劣な　やつだ。」と　悟った。

そして　僕は、
見つかる　かもしれない　という
恐ろしい不安に　襲われた。

僕は　思わず、
獲物を隠していた手を
上着のポケットに　つっ込んだ。

僕は
上がってきた女中と、
びくびく　しながら　擦れ違った。
胸が　どきどき　して、
額に　あせを　かき、
落ち着きを　失っていた。

僕は
自分自身に　おびえながら、
エーミールの家の入り口に　立ち止まった。

すぐに　僕は、
この　ちょうを　持っていることは　できない、
持っていては　ならないと　悟った。
元のところに　返して、
何事も　なかったように
しておかなければ　ならないと　悟った。

そこで、
僕は
人に　見つかりはしないかと　恐れながらも、
階段を　駆け上がった。
ポケットから　手を出し、
ちょうを　机の上に　置いた。

ちょうを　よく見ないうちに、
僕は　もう、
どんな不幸が　起こったかを　知った。
僕は　泣きそうだった。
クジャクヤママユは、つぶれてしまったのだ。
クジャクヤママユの　前羽が一つと
触角が一本　なくなっていた。
僕は　ちぎれた羽を
用心深く　ポケットから　引き出そうとした。
羽は　ばらばらに　なっていて、
元通りに直すことは
もう　できない　と　感じた。

僕は
　美しい、珍しい　ちょうを　つぶしてしまったのだ。
僕は
　盗みをしたという　気持ちより、
　　つぶれた　ちょうを　見ているほうが　苦しかった。
僕は、
　微妙な　とび色の羽の粉が
　　自分の指に　くっついているのを　見た。
また、
　ばらばらに　なった羽が
　　そこに　転がっているのを　見た。
この　ちょうを　元どおりに　できたら、
　僕は　どんな　持ち物も楽しみも、
　　　喜んで　投げ出しただろう。
　　悲しい気持ちで　家に　帰り、
　　　庭で　腰掛けていた。
夕方になって、
　僕は　勇気を　出して、
　　母に　すべてを　打ち明けた。
母は　驚き　悲しんだ。
しかし、
　この告白が
　　僕にとって
　　　どんな罰を受けるより　つらかっただろうと、
　　　　　　　　母は　感じたらしかった。
「おまえは、
　エーミールのところに　行かなければ　なりません。」と、
　　　　　　　　　母は　きっぱりと　言った。
「そして、
　自分で　そう言わなくては　なりません。
それより他に、どうしようも　ありません。
おまえが　持っているものの　中から、
　どれかを　うめ合わせに　選んで　もらうのです。

そして、
許して　もらうように　頼まなければ　なりません。」と
母は　言った。
あの模範少年が　相手で　なかったら、
僕は　すぐに　そう　しただろう。
僕は、
彼が　僕の言うことを　わかって　くれないし、
信じても　くれないと、
はっきりと　感じていた。
そのうちに　夜に　なってしまったが、
僕は　まだ　出かける気に　ならなかった。
母は、
「今日のうちで　なければ　なりません。
さあ、行きなさい。」と
僕に　小声で　言った。
それで、
僕は　出かけていき、
「エーミールは？」と　尋ねた。
彼は　出てきて、すぐに、
誰かが　クジャクヤママユを
だいなしに　してしまった、
悪いやつが　やったのか、
猫が　やったのか　わからない、と　語った。
僕は、
その　ちょうを　見せてくれ、と　頼んだ。
エーミールは　ろうそくを　つけた。
僕は、
だいなしに　なった　ちょうが
展翅板の上に　のっているのを　見た。
エーミールは
それを　直そうと　努力したようだ。
壊れた羽を　丁寧に広げて、
ぬれた　吸い取り紙の上に　置いていた。

しかし、
　直すための触角も　なくなっていた。
そこで、僕は、
　自分が　やったのだ、と言って
　　詳しく説明しようと　した。
すると、
　エーミールは、
　低く「ちぇっ。」と　舌を　鳴らした。
　しばらく　じっと　僕を　見つめていた。
それから、
「そうか、そうか、
　つまり　君は　そんなやつ　なんだな。」と
　　　　　エーミールは　言った。
僕は
　エーミールに、
　僕のおもちゃを　みんな　やる、と　言った。
それでも、
　彼は　冷淡な態度で、
　ただ　軽蔑したように
　　ずっと　僕を　見つめていた。
それで、
　僕は、
　自分の　ちょうの収集を　全部　やる、と　言った。
しかし、彼は、
「結構だよ。
　僕は、君の集めた　やつを　もう　知っている。
　そのうえ、今日また、
　君が　ちょうを　どんなに　取り扱っているか、
　　見ることが　できたさ。」と　言った。
その瞬間、もう少しで、
　僕は、
　エーミールの喉笛に　飛びかかりそうに　なった。

僕は　悪いやつだと
決まってしまった。
エーミールは、
まるで　正義の代表者のように
僕の前に　立っていた。
彼は　罵りさえ　しなかった。
ただ　僕を眺めて、軽蔑していた。
そのとき、初めて
僕は、
一度　起きたことは、
もう　償いの　できないものだと　悟った。
僕は、
エーミールの部屋を　出て、
家へ　帰った。
母は、
僕に　キスだけして、
根掘り葉掘り　きこうと　しなかった。
僕は　それが　うれしかった。
僕は、
食堂に　行って、
大きな　とび色の厚紙の箱を　取ってきた。
僕は、
それを　寝台の上に　のせ、
闇の中で　開いた。
そして、
僕は、
ちょうを　一つ一つ、
指で　粉々に　押しつぶしてしまった。

先生方へ

【国語の目標】

① 作品の展開をつかむ。

＊前半部分は「私」と「客」の会話・後半部分は「客（僕）」の回想

② 後半部分を場面分けし、「僕」の言動と心情を表などにまとめる。

③ 「僕」の言動と心情について、共感できるところや疑問に思うところを挙げる。

【日本語の目標】

① 「〜（し）て、〜する」の表現を知る。

「微笑して、〜私に　頼んだ／中庭を越えて、〜上がっていった／勇気を出して、〜打ち明けた／部屋を　出て、家へ　帰った」など

② 「〜（する）と、〜」の表現を知る。

「ちょうを　見ると、思い出す／しのび寄ると、〜見えてくる／見つけると、攻撃しようと　する」など

③ 連体修飾表現を知る。

「十歳ぐらいになった　二度目の夏／緑色のガーゼを　はった　飼育箱／最も欲しかった　ちょう／誰が　僕の方へ　上がってくる足音／一度　起きたこと」など

④ 授受表現を知る。

「巻きたばこを　くれ／聞いて　もらおう／選んで　もらう／許して　もらう／わかって　くれない／僕のおもちゃを　みんな　やる／全部　やる」など

⑤ 慣用的表現を知る。

「見分けがつかなかった／耳に入らなかった／身にしみて／非の打ちどころがない／根掘り葉掘り」

【国語の授業用語】

「作者／概要／語り手／回想／言動／心情／共感」

リライト1 中学2年

君は「最後の晩餐」を知っているか（評論）

君は
　イタリアの　天才画家を
　　知って　いますか。

ルネサンス美術は、
　イタリアで　生まれました。
　十四せいきから　十六せいきに、
　　はってん　しました。
一番　有名な　天才画家は、
レオナルド・ダ・ヴィンチでしょう。

レオナルドは、
　「モナ・リザ」や
　「最後の晩餐」を　えがきました。
かれは、
　「解剖学」や、
　「遠近法」や、
　「明暗法」などを
　　けんきゅう　しました。

「解剖学」では、
　人体の　こうぞうを
　　くわしく　けんきゅう　しました。
「遠近法」では、
　空間の　遠近を　えがく　方法を
　　けんきゅう　しました。
「明暗法」では、
　光を　えがく　方法を
　　けんきゅう　しました。

レオナルドは、
この　三つの　科学を　つかって、
絵を　えがきました。

それは、
今までに　ない
まったく　新しい　絵画でした。

この　絵画は、
「科学が　生み出した
新しい　芸術」です。
それが
「最後の晩餐」です。
わたし（筆者）は、
イタリアに　行って、
この　絵を　見ました。
そのとき、
わたしは、
この　絵を　「かっこいい。」と
思いました。
なぜ　「かっこいい。」と
思ったのでしょうか。
すばらしい　絵の　前では
わたしは、
まず　しょうげきを　うけます。
それから、
わたしは　じっくりと　分析します。
分析も
名画を　あじわう
楽しみの　一つ　です。

「最後の晩餐」は、
イタリアの　ミラノに　あります。

これは、
サンタ・マリア・デッレ・グラツィエ修道院の
食堂の　壁画です。
レオナルドは、
十五せいきに
この　絵を　えがきました。
この　壁画は、
高さ　四・二メートル、
はば　九・一メートルも　あります。
巨大な　壁画です。

「最後の晩餐」では、
まず
白い　テーブルクロスの　食卓が
目に　入ります。

そして、
食卓の　むこうに
十三人の　男が　います。
まるで　ぶたいの　上で、
ドラマが　はじまるようです。
食事の　光景です。
パンや　魚の　料理が　あります。
コップに　飲みものが　入って　います。
でも、
だれも　食事を　して　いません。

なぜ　だれも
食事を　して　いないのでしょうか。
中央の　人物は、
しずかに　おちついて　います。
でも、
まわりの　男たちは、
どうよう　して　います。

かれらは　だれ　でしょうか。

まず、
　このように　絵を　「読む」　ことが　できます。
これも　分析です。

この　絵は、
　三人ずつの　グループと
　中央の　人物とに
　　分けて　見る　ことも　できます。

中央の　人物が
　なにか　言って　います。
人々は、
　それを　聞いて、
　　どうよう　して　います。
その　どうようは、
　となりの　人物へ、
　　さらに　となりの　人物へと　つたわります。
何かが　はじまって　います。

わたしは、
　人物の　構図から、
　　そんな　ことを　かんじます。

中央の　人物は、　キリストです。
弟子の　一人が、
　キリストを　うらぎったのです。
弟子たちは、
　「うらぎりが　ある」という
　　予言を　聞きました。
それで、
　弟子たちが
　　どうよう　して　いる　場面です。
明日、
キリストは、　はりつけに　なります。

だから、
　これが　「最後の晩餐」なのです。

弟子たちの　どうようは、
　手の　ポーズに　あらわれて　います。

手の　ポーズは、
　心の　うごきを　あらわします。

この　絵には、
　いろいろな　手が　あります。
　いろいろな　心の　うごきも　あります。

この　絵は
　まるで　手の　ポーズと　心の　うごきの
　　　見本帳のようです。

レオナルドは、
　とても　上手に　手を　えがいて　います。

レオナルドは、
　どうして　こんなに　上手に、
　　手を　えがく　ことが　できたのでしょうか。

かれは、
　「解剖学」で
　　人体の　こっかくや
　　　きんにくの　けんきゅうを　しました。

人の　体が
　どのような　しくみで　できているか、
　　　とても　よく　知って　いたのです。

だから、
　かれは、
　　上手に　手を　えがく　ことが　できたのです。
　　顔の　ひょうじょうや　形、
　　心の　うごきも　えがく　ことが　できました。

さらに、
　レオナルドは、
　　絵画の　「遠近法」を　けんきゅうし、
　　　　　　　　　　　　つかって　います。

この　絵の
　室内の　壁や　天井を
　　　　　見て　みましょう。

「遠近法」では、
　遠くの　ものは、
　　小さく　見えます。

壁の　タピスリーや
　天井の　格子　もようを
　　　　　見て　みましょう。

壁が
　だんだん　せまく　なって　います。
タピスリーも
　だんだん　小さく　えがいて　います。

このように、
　「遠近法」で、
　　へやの　おくゆきを　あらわしました。

「遠近法」には、
　さらに　べつの　こうかも　あります。

壁の
　タピスリーや
天井の　格子など、
　おくに　むかう　線を
　　　　のばして　いきます。

すると、
　その　線は、一つの　点に　あつまります。

これを
　「遠近法」の　しょうしつ点と　いいます。

その　点が
　キリストの　ひたいに　あります。

それで、
人々の　視線が
キリストに　あつまります。

だれでも
この　絵の　主人公は、
キリストだと　思います。

「遠近法」で
この　絵は、
ドラマチックな　一場面に　なりました。

これが、
「遠近法」の　べつの　こうかです。

レオナルドは、
キリストの　右の　こめかみに
くぎの　あなを　あけて　います。

この　くぎから　糸を　はって、
あちこちに　のばしました。

レオナルドは、
この　方法で、
画面の　構図を　きめました。

まるで　設計図のような　絵です。

また、
レオナルドは、
光の　こうかも
しっかり　考えました。

この　絵の　白い　壁を
見て　みましょう。

光が
壁の　右がわに
当たって　います。

壁の　左がわは
かげに　なって　います。

レオナルドは、
この　壁画を
食堂の　壁に　えがいて　います。
絵の　中の　明暗（光と　かげ）は、
食堂の　明暗と　同じです。
だから、
絵の　へやと
本物の　食堂が
つづいて　見えます。

このように
レオナルドは、
「遠近法」と
光の　明暗の　こうかを
いっしょに　つかって　います。
だから、
絵の　中の　へやは
まるで　本物の　へやの　ようです。
もし　君が、
この　へやで　食事を　したら、
どう　思うでしょうか。
君は、
きっと　キリストたちと
晩餐を　している　ように　思うでしょう。
レオナルドは
絵画の　科学（解剖学、遠近法、明暗法）を　つかって、
新しい　絵を　生み出しました。
人々は
「最後の晩餐」で
絵画の　科学を　見る　ことが　できます。
そして、
絵画の　科学の　かのうせいを　見る　ことが　できます。

だから、
人々は、
「最後の晩餐」を
「かっこいい。」と　思うのでしょう。

レオナルドは、
「最後の晩餐」を
五百年前に　えがきました。
そのため
今の　「最後の晩餐」は、
絵の具が　はげおちて
ぼろぼろです。
それで、
この　絵を　しゅうふくしました。
「最後の晩餐」の　しゅうふくは、
一九　九九年　五月に　おわりました。
それまで、
「最後の晩餐」は
ほこりや　かびで
よごれて　いました。
「最後の晩餐」は　くらい　絵でした。
この　絵は、
しゅうふくすると、
はっきりした　色に　もどりました。
でも、
絵の　細部は、
もう　きえて　いました。
しゅうふくの　方法は、
よごれを　おとして
ほごするだけです。

だから　今、
「最後の晩餐」の　細部は
見る　ことが　できません。

ところが、
しゅうふくした　「最後の晩餐」は、
とても　すばらしいのです。

たしかに
絵の　細部は　きえて　なくなって　います。

でも、
絵の　「全体」が
よく　見えるように　なりました。

つまり、
レオナルドが　絵画の　科学で　ひょうげんした　ものが
とても　よく　見えます。

だから、
わたしたちは、
「最後の晩餐」を　見て、
「かっこいい。」と　思うのです。

「最後の晩餐」が　かんせいした　ころ、
人々は　この　絵を　見ました。

その　とき、
細部の　びょうしゃの　すごさに
かんどうした　かもしれません。

そのため、
人々には
この　絵の　本当の　みりょくが
「見えなかった」かもしれません。

その後、
細部が　きえて　なくなって、
ぼんやりした　形だけが　のこりました。

でも、
しゅうふくの　後、
「最後の晩餐」の　「全体」が
はっきり　見えるように　なりました。

もしかしたら、
二十一せいきの　わたしたちが、
本当の　「最後の晩餐」を
はじめて　見たの　かもしれません。

レオナルドは、
「それ」を
えがきたかったのです。

レオナルドは、
「最後の晩餐」を
たてものの　壁に　えがきました。

だから、
この　絵は　ミラノの　町だけで
見る　ことが　できます。

いつか　君も
イタリアに　行って、
この　絵を　見て　ください。

「最後の晩餐」は、
二十一せいきの　今も　生きて　います。
芸術は　永遠なのです。

先生方へ

形式段落ごとに一行空けている。教科書で二行空いている箇所は二行空けています。

【国語の目標】

① この評論が三部構成（序論・本論・結論）になっていることを知る。
② 「解剖学」「遠近法」「明暗法」の特徴と、その効果に線を引く。
③ 筆者が「最後の晩餐」を「かっこいい。」と思った理由を知る。

【日本語の目標】

① 慣用的表現にふれる。
「目に　入ります」

② 比喩表現「まるで～（の）ようです」にふれる。
「まるで～ドラマが　はじまるようです／まるで　手の　ポーズと　心の
うごきの　見本帳のようです／まるで　本物の　へやの　ようです」

③ 接続詞にふれる。
「それから／そして／でも／それで／だから／また」

④ 擬音語・擬態語にふれる。
「じっくりと（分析します）／しっかり（考えました）／ぼろぼろ（で
す）／はっきり（見える）」

【国語の授業用語】

「評論／筆者／段落／構成（序論・本論・結論）／特徴／効果」

リライト2 中学2年

君は「最後の晩餐」を知っているか（評論）

君は
　イタリアの天才画家で
　誰を　知っているだろうか。

十四世紀から十六世紀の　イタリアで、
ルネサンス美術が　生まれ、発展した。
一番　有名な画家は、
　レオナルド・ダ・ヴィンチだろう。

レオナルドは、
　「モナ・リザ」や
「最後の晩餐」を　描いた。

彼は、人体の科学である「解剖学」や、空間の科学である「遠近法」や、光の科学である「明暗法」を研究した。

彼は、この三つの科学を使って、今までにない新しい絵画を生み出したのだ。

「科学が生み出した新しい芸術」というと、君は難しいと思うかもしれない。

しかし、イタリアで「最後の晩餐」を見ると、君はどう思うだろうか。

私（筆者）は、イタリアに行って、「最後の晩餐」を見た。

そのとき、私はなぜか、この絵を「かっこいい。」と思った。

それが名画というものだろうか。

すばらしい絵の前に立つと、まず衝撃を受ける。

それから、じっくりと分析する。

分析もまた、名画を味わう楽しみの一つである。

「最後の晩餐」は、イタリアのミラノにある。

サンタ・マリア・デッレ・グラツィエ修道院の食堂の壁画である。

十五世紀末に描かれた。
高さ四・二メートル、
幅は九・一メートルの巨大な絵だ。

この絵を見ると、
まず白いテーブルクロスの食卓がある。
そして、
食卓の向こうに十三人の男がいる。
舞台の上で、
まるでドラマが始まったように見える。

パンや魚の料理がある。
コップに飲み物が入っている。
食事の光景らしい。

なぜ、
誰も飲食をしていないのか。
中央の人物は落ち着いていて、
周りの男たちは動揺している。
彼らは誰なのか。
まずは、
このように
絵を「読む」ことから始めてもよい。
これも分析だ。

人物は、
三人ずつのグループと
中央の人物とに
分けて見ることもできる。
中央の人物が
何か言っている。
人々は、
それを聞いて、動揺している。

その動揺は、
　隣の人物へ、
　　さらに　隣の人物へと　伝わる。
（まるで）静かな水面に　小石を　投げると、
　　丸い水紋が　広がるようだ。

何かが　起こっている。
この絵の　人物の構図から、
　そんなことが　感じられる。

中央の人物は、キリストである。
彼は　弟子の一人に　裏切られた。
この場面は、
　弟子たちが　驚いているところだ。
裏切りがある、という予言に
　　弟子たちが　動揺しているところだ。

明日、
　キリストは、磔になる。
だから、
　これが　「最後の晩餐」なのだ。

弟子たちの動揺は、
　手のポーズにも　表れている。
手のポーズは、
　心の動きを　表す。
この絵には、
　いろいろな　手が　あり、
いろいろな　心の動きが　ある。
　　驚き、失意、怒り、諦め……。
この絵は
　まるで　手のポーズと
心の動きの　見本帳のようである。

レオナルドは、
どうして　こんなにも　うまく、
いろいろな手を　描くことが　できたのだろうか。

実は　レオナルドは、
人体を　解剖し、
骨格や筋肉の研究を　していたのだ。
人の体が
どのような仕組みで　できているか、
とても　よく　知っていたのだ。

だから、
彼は　手だけでなく、
顔の表情や容貌、心の動きまで
描くことができた。

さらに、
レオナルドは、
絵画の遠近法を
研究し、使っている。

この絵に描かれた
壁のタピスリーや
天井の格子模様を　見てみよう。

遠近法では、
遠くのものは、小さく　見える。
壁が　だんだん　狭くなって、
タピスリーも
奥にいくほど　小さくなる。

このように、
遠近法で、
部屋の奥行きを　表わした。

遠近法には、
別の効果も　ある。

壁のタピスリーや
天井の格子など、
奥に向かっていく線を　延ばしていく。

すると、
その線は　一つの点に　集まる。

これを
遠近法の消失点と　いう。
その点が　キリストの額に　ある。
この絵を見る人の　視線は、
自然と　キリストに　集まる。
この絵の主人公は　キリストだと
誰でも　思う。

これが、
遠近法の　別の効果である。
遠近法で
この絵は、ドラマチックな一場面に　なった。
レオナルドは、
計算して　この絵を　描いたのだ。
その証拠に、
キリストの　右の　こめかみに
くぎの穴の跡が　ある。

レオナルドは、
このくぎから　糸を　あちこちに　延ばした。
こうして、
画面の構図を　決めたのだ。
ところで　この絵に　設計図のようである。

また、
レオナルドは、
光の効果も
細かく　計算していた。

この絵の白い壁を　見ると、
右側には　光が　当たっている。
左側は　影に　なっている。

この壁画は
食堂の壁に　描かれている。
絵の中の　明暗は、
現実に　食堂の窓から入る　光の方向と　同じだ。
そのため、
絵に　描かれた　部屋は、
まるで　本物の食堂と　続いているように　見える。

このように、
遠近法と
光の明暗の効果を
いっしょに　使っている。
それで、
絵に　描かれた　部屋は
（まるで）本物の部屋のように　見える。

君は、
もし　こんな部屋で　食事をしたら、
どう　思うだろう。
まるで　キリストたちと
晩餐を　しているような気持ちに　なるはずだ。

解剖学、遠近法、明暗法などの　絵画の科学が、
新しい絵を　生み出した。
この絵は、
それまで　誰も　描かなかったものだ。
誰でも　「最後の晩餐」の前に　立つと、
レオナルドが追究した　絵画の科学と
その　あらゆる可能性を　見ることができる。

だから、
　「最後の晩餐」を
　　「かっこいい。」と　思うのだろう。

「最後の晩餐」は、
　描かれてから　五百年も　たっている。
そのため
　今では　絵の具が　剥げて、
　　　　ぼろぼろに　なってしまった。
そこで、
　絵の修復が　行われた。

「最後の晩餐」の修復は、
　一九　九九年　五月に　終了した。
それまでは、
　かびや　ほこりで　薄汚れて
　　　　暗い絵だった。
修復すると、
　絵は　鮮やかな色彩に　戻った。
しかし、
　レオナルドが　描いた細部は、
　　　　剥がれて　消えていた。
修復の作業では、
　ただ　汚れを　落として、
　　絵を　そのまま　保護するだけだ。
だから
　修復した絵には、
　　もう　細部の描写は　ない。
今　私たちは、
　そんな「最後の晩餐」を　見ているのだ。

ところが、
修復後の 「最後の晩餐」を 見ると、
文句が ないほどに 魅力的なのだ。

確かに
細部は 落ちて、
消えて なくなっている。

しかし、
絵の「全体」は よく 見えるように なった。
人物の輪郭が 作る形。
その連なり。
絵の構図が もっている 画家の意図。

つまり、
レオナルドが、
絵画の科学を 自由に使って
表現しようとした ものが、
とても よく 見える。

だから、
いきなり 「かっこいい。」と 思えるのだ。

逆に、
完成した頃に 絵を見た人たちは、
細部の描写の すごさに
感嘆したのかもしれない。

だが、彼らには、
この絵の 本当の 魅力が
「見えなかった」のでは ないか。

そして、
細部が 剥げ落ちて、
ぼんやりした 形の連なりだけが 残った。
修復したことで、
そのような「全体」が
はっきりと 見えるように なった。

もし　そうだと　したら、
二十一世紀の私たちが、
本当の「最後の晩餐」を
初めて　見たのかもしれない。
レオナルドが　描きたかったのは、
「それ」なのだ。

「最後の晩餐」は、
建物の壁に　描かれている。
だから、
この絵は　ミラノの町でしか
見ることができない。
君も　いつか、
イタリアを　旅して、
この絵を　見てほしい。
五百年も昔に描かれた　名画は、
二十一世紀の今も　生きている。
芸術は　永遠なのだ。

先生方へ

形式段落ごとに一行空けています。教科書で一行空いている箇所は二行空けています。

【国語の目標】

① この評論は三部構成（序論・本論・結論）になっていることが分かる。
② 文章の主題（テーマ）について考える。
③「解剖学」「遠近法」「明暗法」の特徴と、その効果を知る。
④ 文章の表現（述べ方）の特徴が分かる。
⑤ 筆者が「最後の晩餐」を「かっこいい。」と思った理由を考える。

【日本語の目標】

① 比喩表現「まるで〜（の）ようだ」を知る。

「まるで　ドラマが　始まったように／（まるで）静かな水面に　小石を投げると、丸い水紋が　広がるようだ／まるで　手のポーズと心の動き

の 見本帳のようである／まるで この絵は 設計図のようである／まるで 本物の食堂と 続いているように／（まるで）本物の部屋のように／まるで キリストたちと 晩餐を しているような」

② 接続詞を知る。

「しかし／だから／ところが／だが」など

③ 受身の表現を知る。

「十五世紀末に 描かれた／この壁画は 食堂の壁に 描かれている／絵に 描かれた 部屋／絵の修復が 行われた／『最後の晩餐』は、建物の壁に 描かれている／五百年も昔に描かれた 名画」など

④ 「〜（の） かもしれない」を知る。

「思うかもしれない／感嘆したのかもしれない／見たのかもしれない」

【国語の授業用語】

「評論／筆者／構成（序論・本論・結論）／主張／根拠／意図」

リライト1 中学2年

「最後の晩餐」の 新しさ（解説）

レオナルド・ダ・ヴィンチ作

「最後の晩餐」は、
　レオナルド・ダ・ヴィンチの 壁画です。
レオナルドは、
　ミラノの サンタ・マリア・デッレ・グラツィエ修道院で
　　「最後の晩餐」を えがきました。
レオナルドの 「最後の晩餐」は、
　ルネサンスを だいひょうする 美術作品です。

「最後の晩餐」は、
　キリスト教の
　　大切な 主題（テーマ）です。
それで、
　むかしから 画家たちは
　　「最後の晩餐」を えがきました。

では、
　レオナルドの　「最後の晩餐」と
　　レオナルドより　前の　「最後の晩餐」を
　　　くらべて　みましょう。

レオナルドの　「最後の晩餐」で
　新しい　ところは　何でしょうか。

レオナルドより　前の　作品（❶❷）を
　　見て　みましょう。

まず
　構図を　くらべます。
十三人が　食卓を　かこんで　います。
それは　むずかしい　構図です。
レオナルド以前の　作品では、
　人物を　かさねたり、
　　せを　むけたり　して　います。

画家たちは
　何せいきもの　間、
　　いろいろ　工夫を　しました。
カスターニョは、
　うらぎりものの　ユダだけを
　　食卓の　前に　えがきました。（❸）

この　構図で
おくゆきが　生まれました。
人物の　かんじょうも
　よく　あらわす　ことが　できました。

カスターニョの　作品と
レオナルドの　作品を　くらべて　みましょう。
レオナルドの　作品は、
　今までに　ない　構図（❹）です。
絵画の　おくゆきは
　大きく　まして　います。

レオナルドは、
　キリストの　左右に
　　使徒たちを　えがいて　います。
　　使徒たちを　三人ずつ　分けて
　　　えがいて　います。

使徒たちは、
　うわさを　して　います。
使徒たちは、
　だれが　うらぎりものか
　　うわさを　して　います。

また、
　使徒たちは、
　キリストを　といつめて　います。
レオナルドの　絵画には
ドラマのような　うごきが　あります。
カスターニョの　作品は
　うごきが　少ないです。
レオナルドの　絵画は
カスターニョの　作品と
　たいしょうてきです。

レオナルドの　絵画では、
キリストは
　一人で　しずかに　すわって　います。
使徒たちの
　うでの　うごきや　まなざしは、
　はげしい　かんじょうを　あらわして　います。

それで、
　見る人の　視線は、
　しずかな　キリストに　あつまります。
これも　構図の　こうかです。

レオナルドは、もう一つ
　今までに　ない　ことを　しました。

レオナルドは、
人物の　頭に
光輪を　えがきませんでした。
「最後の晩餐」は、
聖書の　中の　出来事です。
レオナルドは、
「最後の晩餐」を
げんじつの　出来事のように
えがきたかった　のでしょう。

一九　九　九年、
レオナルドの　「最後の晩餐」の
しゅうふく作業が　おわりました。
それは、
二十年ぐらい　かかりました。
しゅうふく作業では、
よごれや　かびを　とりのぞきました。
すると、
キリストの　くちびるは
あいて　いました。
キリストは
話を　した　ばかりでした。
食卓の　上の　魚や　パン、
金属や　ガラスの　食器、
テーブルクロスの　おり目や
壁かけの　花もようも
えがいて　ありました。
レオナルドは、
とても　くわしく　えがいて　いたのです。
当時の　フランス国王は、
「この　絵を　国に　もって　帰りたい。」と
つぶやいた　そうです。

人々は、
レオナルドの
「最後の晩餐」の　新しさに
おどろきました。
その　新しさは、
人々の　心を　ひきつけた　のです。

先生方へ

形式段落ごとに一行空けています。また、本文中の❶〜❹は、それぞれ次の作品のことです。

❶ 作者不詳　6世紀作　サンタ・ポリナーレ・ヌオーヴォ聖堂蔵（イタリア）

❷ ジョット・ディ・ボンドーネ　1304−05年作　スクロヴェーニ礼拝堂蔵（イタリア）

❸ アンドレア・デル・カスターニョ　1447年頃作　サンタッポローニャ修道院蔵（イタリア）

❹ レオナルド・ダ・ヴィンチ　420×910cm　1495−98年作　サンタ・マリア・デッレ・グラツィエ修道院蔵（イタリア）

【国語の目標】

① 問題を提起している一文に線を引く。

② レオナルドの「最後の晩餐」と、それ以前の「最後の晩餐」とを比較して、何が「新しい」のかを知る。

【日本語の目標】

①「〜て　みましょう」の表現にふれる。
「くらべて　みましょう／見て　みましょう」

②「〜たり　〜たり」の表現にふれる。
「人物を　かさねたり、せを　むけたり　して　います」

③ 指示語にふれる。
「この／これ／その／それ」

【国語の授業用語】

「解説／段落／指示語／比較」

リライト2 中学2年

レオナルド・ダ・ヴィンチ作

「最後の晩餐」の新しさ（解説）

レオナルド・ダ・ヴィンチ作「最後の晩餐」は、
ミラノのサンタ・マリア・デッレ・グラツィエ修道院に
描かれた壁画である。

レオナルドの作品の中で
「最後の晩餐」は、
最大で、数少ない完成作品である。
ルネサンスを代表する
美術作品の一つとされる。

「最後の晩餐」は
キリスト教の
重要な主題（テーマ）として
昔から
描かれてきた。

では、
レオナルドの「最後の晩餐」と
それまでの「最後の晩餐」を
比べてみよう。
レオナルドの
何が
そんなに
新しかったのだろうか。

過去の作品（❶❷）を見てみよう。
まず
気づくのは、
十三人が
食卓を囲む
構図の難しさである。
画家たちは
人物を重ねたり
背を向かせたり
してきた。
画家たちは
何世紀もの間
試行錯誤を
繰り返してきた。

やがて、
裏切り者のユダだけを
食卓の前に　描く構図が
考案された。

この構図は
カスターニョの作品（❸）に　使われている。

この構図で
空間には　奥行きが　生まれた。

そして、
人物の感情も　豊かに表現できた。

だが、
この作品と比べても
レオナルドの絵画は
画期的な構図（❹）である。

奥行きは　大きく増している。

また、
画面に　ドラマチックな動きを　与えている。

レオナルドは、
キリストの左右に
使徒たちを　三人ずつに分けて
配置している。

キリストは
構図上　一人で　配置されている。

使徒たちは、
裏切り者が　だれか　うわさをしたり、
キリストを　問い詰めたり　している。

動きの少ない
カスターニョの作品とは　対照的だ。

使徒たちの　腕の動きや　まなざしは、
激しい感情を　表している。

それは、
一人　静かな　キリストに
視線を集める　効果もある。

もう一つ　画期的だったのは、
レオナルドが　人物の頭部に
光輪を　描かなかったことだ。

レオナルドは、
聖書の中の出来事を
現実の情景として
描こうとしたのだろう。

一九九九年、
約二十年間の修復作業が　完了した。

修復では、
後世の画家が　上描きした絵の具や
汚れ、かびが　取り除かれた。

修復の結果、
絵の具は　多く　はげ落ちていた。

だが、
非常に　くわしく　細かいところまで
描かれていることが　わかった。

話した直後の　キリストの唇が　開いていること、
食卓の上の　魚やパン、
金属やガラスの器、
テーブルクロスの折り目や
壁掛けの花模様まで　描かれていた。

当時のフランス国王は、
「この絵を　国に持って帰りたい。」と
つぶやいたと　いう。

レオナルドの「最後の晩餐」は、
何より　その新しさで
人々を驚かせ、
心を　ひきつけたのだ。

先生方へ

形式段落ごとに一行空けています。また、本文中の❶〜❹は、それぞれ次の作品のことです。

❶ 作者不詳　6世紀作　サンタ・ポリナーレ・ヌオーヴォ聖堂蔵（イタリア）

❷ ジョット・ディ・ボンドーネ　1304−05年作　スクロヴェーニ礼拝堂蔵（イタリア）

❸ アンドレア・デル・カスターニョ　1447年頃作　サンタッポローニャ修道院蔵（イタリア）

❹ レオナルド・ダ・ヴィンチ　420×910cm　1495−98年作　サンタ・マリア・デッレ・グラツィエ修道院蔵（イタリア）

【国語の目標】

① この文章は、解説文である。文章のテーマが分かる。

② どんなことに着眼して、「新しさ」を述べているかが分かる。

③ 文章の構成の特徴が分かる。

④ 文章の表現（述べ方）の特徴が分かる。

⑤「君は『最後の晩餐』を知っているか」と、「『最後の晩餐』の新しさ」とを、観点を決めて比較し、それぞれの特徴をまとめる。

【日本語の目標】

① 受身の表現を知る。

「描かれた壁画である／美術作品の一つとされる／重要な主題（テーマ）として　描かれてきた／食卓の前に　描く構図が　考案された／カスターニョの作品（❸）に　使われている／一人で　配置されている／かびが取り除かれた」など

② 連体修飾表現を知る。

「ルネサンスを代表する　美術作品／十三人が　食卓を囲む　構図／視線を集める　効果／後世の画家が　上描きした絵の具／話した直後の　キリ

ストの唇」など
③ 慣用的表現
「視線を集める」
【国語の授業用語】
「解説／観点／テーマ／着眼点／構成」

リライト1 中学2年

言葉の 力（随筆）

わたしたちは、
言葉に ついて
よく 話します。
うつくしい 言葉
正しい 言葉に ついて
よく 話します。

ある 人が
一つの 言葉を
つかいました。

わたしは、
その 言葉を
うつくしいと 思いました。

べつの 人が
同じ 言葉を
つかいました。

でも、
わたしは、
その 言葉を
うつくしいと 思いませんでした。

言葉は、
その 人の 人間 全体を
あらわして いるからです。

わたしは、
京都の　志村さんの　家に
行きました。
志村さんは、せんしょく家です。
志村さんの　家で、
わたしは、
とても　うつくしい　きものを
見ました。

きものの　色は、
さくら色でした。
その　さくら色は、
うすい　ピンクで
とても　うつくしい　色でした。
わたしは、かんどうしました。
わたしは、
志村さんに　聞きました。
「この　色は、
何から　作ったんですか。」
志村さんは、答えました。
「さくらから　作りました。」
わたしは、
「さくらの　花びらから
作るのだ。」と　思いました。

でも、
ほんとうは
さくらの　かわから
作ったのでした。
志村さんは、言いました。
「黒っぽい　さくらの　かわから
うつくしい　ピンクの　色を
作ります。

この　さくら色は、
　春しか　できません。
　花が　さく　直前の　かわから
　　　　　　　　　作ります。」と　言いました。

それを　聞いて、
　わたしは、思いました。
「春、
　さくらの　木は、
　木全体で　一生けんめい
　ピンクに　なろうと　して　いるのだ。」と、
　　　　　　　　　　　　　　　思いました。

わたしは、
　とても　おどろきました。

わたしは、
「花びらも
　みきも
　木の　かわも
　みんな　ピンクに　なるのだ。」と　思いました。

でも、
　見えるのは
　花びらの　ピンク　だけです。

これは、
　言葉を　つかう　ときも　同じです。
言葉の　一語　一語は、
　さくらの　花びら　一枚　一枚です。
さくらの　みきは
　花びらと　ちがう　色です。
でも、
　一本の　木全体が、
　花びらの　色を
　作って　います。

言葉の　ときも　同じです。
言葉は、
つかう　人の　人間　全体を
あらわして　います。
そう　考えると、
一語　一語の　大切さが　わかります。
そして、
うつくしい　言葉、
正しい　言葉が
わかるように　なるでしょう。

先生方へ

【国語の目標】

① 本文の構成を知り、それぞれの内容にふれる。
② 筆者の考えが分かる部分に線を引く。

【日本語の目標】

① 接続詞にふれる。
「でも／そして」
② 指示語の働きにふれる。
「これ／それ／この／その／そう」
③ 連体修飾表現にふれる。
「花が　さく　直前の　かわ／つかう　人の　人間　全体」

【国語の授業用語】

「筆者／構成／指示語」

リライト2
中学2年

言葉の力（随筆）

人は、
美しい言葉、
正しい言葉について　よく話す。
しかし、
私たちが　使う言葉は、
どれが　美しい言葉か
どれが　正しい言葉か
決まっていない。

ある人が
一つの言葉を　使った。
私は、
その言葉を　美しいと　思った。
別の人が
同じ言葉を　使った。
しかし、
私は、
その言葉を　美しいと　思わなかった。
なぜなら、
言葉は、
使う人の人間全体を　表しているからだ。

私は、
京都の染織家　志村さんの　仕事場に　行った。
そこで
私は、
とても美しい　桜色の着物を　見た。
そのピンクは、
淡いけれど、
華やかで　深い色だった。

私は、
その美しさに　強く　感動した。

「この色は
何から　とりだしたんですか。」と、
私は、志村さんに　聞いた。

「桜からです。」と、
志村さんは、答えた。

私は、
桜の花びらの色だと　思った。

しかし、
本当は、
桜の皮から　取り出した色だった。

「黒っぽい、
ごつごつした　桜の皮から
美しいピンクの色が　とれます。

この桜色は、
春しか　とれません。
花が咲く　直前の皮だけです。」と、
志村さんは　言った。

それを　聞いて、
私は　とても　おどろいた。

私は、
「春、
花が咲く直前、
桜の木は、
木全体で
一生懸命
美しいピンクに　なろうとしている。」と、
思ったからである。

花びらのピンクは、
幹のピンクであり、
樹皮のピンクであり、
樹液のピンクである。

桜は、
木全体が　ピンクになる。

しかし、
私たちは、
花びらのピンクしか
見ることができない。

これは、
言葉の世界も　同じである。
言葉の　一語一語は、
桜の花びら　一枚一枚と
同じである。
桜の幹は、
花びらと　別の色をしている。

しかし、
桜の木は、
全体で、
花びらの色を　作っている。
言葉のときも　同じである。
言葉は、
使う人の人間全体を　表している。
このように　考えて、
言葉を使う　必要が　ある。
すると、
一語一語の大切さが　わかる。
そして、
美しい言葉、
正しい言葉
というものも　身近になるだろう。

先生方へ

【国語の目標】

① 本文の構成をとらえ、内容が分かる。

② 筆者の考え方が分かる。

【日本語の目標】

① 接続詞を知る。

「しかし／なぜなら／そこで／すると／そして」

② 指示語を知る。

「これ／それ／この／その／そう」

③ 連体修飾表現を知る。

「使う人の人間全体／桜の皮から　取り出した色／花が咲く　直前の皮」

【国語の授業用語】

「筆者／構成」

リライト1 中学3年

握手（小説）

わたしは、

　ルロイ修道士と　会いました。

　上野公園の　レストランで　会いました。

桜の　花が　ちった　ころです。

ルロイ修道士は、

　やくそくの　時間に　来ました。

ルロイ修道士は、

「よびだして　すみませんね。」と　言いました。

上手な　日本語です。

昭和十五年（1940）の　春、

　ルロイ修道士は、日本に　来ました。

ルロイ修道士は、
「今度　カナダへ　帰ります。
　さよならを　言いに　来ました。
　おひさしぶり　です。」と　言いました。
そして、
　ルロイ修道士は、
　　大きな　手で　握手を　しました。

ルロイ修道士は、
　光ヶ丘天使園の　園長先生でした。
わたしは、
　中学　三年生から　高校　三年生まで
　　天使園に　すんで　いました。
わたしが　天使園に　入った　とき、
　　園長先生は　言いました。
「ここが　あなたの　家です。
もう　なんの　心配も　いりませんよ。」と　言いました。
ルロイ修道士は、
　わたしと　握手を　しました。
すごい　力で　手を　にぎりました。
うでを　上下に　ふりました。
わたしは、
　つくえの　上の　本に
　　ひじを　ぶつけました。
それで、
　わたしの　うでが　しびれました。

でも、
　今日の　ルロイ修道士は、
　　そっと　握手を　しました。
　病人の　手を　にぎる　ようでした。
やがて、
　プレーンオムレツが　きました。

ルロイ修道士は、
「おいしそう　ですね。」と、
てのひらを　すり合わせました。
ルロイ修道士の　てのひらは、
ギチギチと　鳴りません。

わたしが、
天使園に　いた　ときの　ことです。
ルロイ修道士は、
いつも　畑で　はたらいて　いました。
だから、
ルロイ修道士の　手は、
いつも　よごれて　いました。
かれの　てのひらは、
かたい　いたの　ようでした。
かれが、
てのひらを　すり合わせました。
すると、
かれの　てのひらは、
ギチギチと　鳴って　いました。

わたしは、
「先生の　左の　人さしゆびは、
ふしぎな　かっこう　ですね。」と　言いました。
先生の　人さしゆびは、
ぴんと　のびて　います。
先生の　人さしゆびの　つめは、
つぶれて　います。
ふつうの　つめは、もう　生えません。

わたしが、
天使園に　いた　ころ　です。

ルロイ修道士の　つめには、
　　うわさが　ありました。
ルロイ修道士が　日本に　来て、
　　二年ぐらい　たちました。
せんそうが　はじまりました。
それで、
　ルロイ修道士たちは、
　カナダに　帰る　ことが　できませんでした。
　毎日　山の　中で
　　みかんや　お茶を　作りました。

でも、
　カトリック者は、
　日曜日に　はたらいては　いけません。
ルロイ修道士は、
「日曜日は　休みたい。」と、
　　かんとくかんに　おねがい　しました。
かんとくかんは、
「大日本帝国には　一日も　休みは　ない。
土曜日も　日曜日も　ない。」と　しかりました。
そして、
　ルロイ修道士は、
　　かんとくかんから　ばつを　うけました。
かんとくかんは、
ルロイ修道士の　左の　人さしゆびを
　　　　たたきつぶしました。
「だから、気を　つけろ。
ルロイ先生は、
ヨ本人を　こくんで　いるぞ。」と　いう
　　　うわさが　たちました。
でも、
ルロイ先生は　やさしかったです。

ルロイ先生は、
子どもたちの　ために、
野さいを　作りました。
にわとりも　そだてました。
「天使園の　子どもを　そだてて、
アメリカの　サーカスに　売るんだ。」と　いう
うわさも　たちました。

けれども、
子どもたちは、
ルロイ先生の　野菜を
おいしそうに　食べて　いました。
ルロイ先生は　それを　見て、
とても　うれしそうでした。
みんなは、
「ルロイ先生を　うたがっては　いけない。
ばちが　当たる。」と　思いました。
それで、
うわさは　すぐ　きえました。

わたしは、
「日本人は、
先生に　ずいぶん　ひどい　ことを　しました。
もうしわけ　ありません。」と、言いました。
ルロイ修道士は、
右の　人さしゆびを　ぴんと　立てました。
これは、
「こら。」とか、
「よく　聞きなさい。」と　いう　いみです。
「あなたの　言い方は、総理大臣の　ようです。
ルロイ修道士は、
そんな　言い方を　しては　いけません。
あなたは、
日本人の　代表では　ありません。

それに、
日本人とか　カナダ人とか　アメリカ人などの
くべつは　ありません。
一人　一人の　人間が　いる　だけです。」と、言いました。
わたしは、
「わかりました。」と　言って、
右の　親ゆびを　ぴんと　立てました。
ルロイ修道士も、
右の　親ゆびを　ぴんと　立てました。
これは、
「わかった。」
「よし。」
「さいこうだ。」と　いう　いみです。
ルロイ修道士は、
「この　オムレツは、おいしいですね。」と　言いました。
だけど、
ルロイ修道士は、
少しも　食べて　いません。
ルロイ修道士は、
「わたしは、
あなたを　ぶちましたか。
あやまりたいです。」と　言いました。
わたしは、
「一度だけ　ぶたれました。」と　答えました。
わたしは、
ルロイ修道士の　きけん　しんごうを
思い出しました。
ルロイ修道士ま、
両手の　人さしゆびを　交差　して、
うちつけました。
これは、
「おまえは　わるい子だ。」と　いう　いみです。

そして、
ルロイ修道士の　平手うちが
とびました。
平手うちは　いたかったです。
ルロイ修道士は、
「やはり　ぶちましたか。」と
かなしそうでした。
わたしは、
「でも、
わたしたちは、
ひどい　ことを　しました。
ぶたれても　しかたない　です。
わたしたちは、
高校　二年の　クリスマスに、
東京に　行きました。
先生に　だまって　行きました。」と　答えました。
わたしは、
「ルロイ先生は　一か月間、
わたしたちと　ぜんぜん　話しませんでした。
平手うち　より
話さない　ほうが　つらかったです。」と　言いました。
ルロイ修道士は、
「東京見物の　費用は、
どう　しましたか。」と　聞きました。
「わたしたちは、
先生から　靴下や　下着などを　もらって　いました。
それを　駅前の　やみいちで　売りました。
天使園の　にわとりも
やき鳥屋に　売りました。」と、
わたしは　答えました。
ルロイ修道士は、
両手の　人さしゆびを
せわしく　うちつけました。

でも、
　顔は　わらって　いました。
わたしは、
「先生、
　ちっとも　食べて　いませんね。
　どこか　わるいんですか。」と　聞きました。
ルロイ修道士は、
「少し　つかれました。
　これから　天使園で　ゆっくり　休みます。
　カナダに　帰る　ころには
　大食らいに　もどりますよ。
　しごとは　うまく　いって　いますか。」と　言いました。
わたしは、
「まあまあです。」と　答えました。
ルロイ修道士は、
「よろしい。」と　言って、
　右の　親ゆびを　立てました。
ルロイ修道士は、
「しごとが　うまく　いかない　ときが　ありますね。
　そのときは
　わたしの　言葉を　思い出して　ください。
『こんなんは　ぶんかつ　せよ。』です。
　うまく　いかない　ことを　わけて　ください。
　それを、一つずつ　片づけて　ください。」と、言いました。
わたしは、
「へんだぞ。
　ゆいごん　みたいだ。」と　思いました。
　さっきの　握手も
　病人の　手を　にぎる　ようでした。
「ルロイ修道士が　病人　なのだろうか、
　これは　おわかれの　あいさつ　だろうか。」と、
　わたしは　思いました。

でも、
　わたしは　それを　聞く　ことが　できませんでした。
わたしは、
「日本で　楽しい　ことは　ありましたか。
　それは　何ですか。」と　聞きました。
ルロイ修道士は、
「天使園に　いた　子どもが、
　一人前に　はたらいて　いる　ときです。
それを　見る　とき、
　一番　うれしいです。
そうそう、
　あなたは　上川君を　知って　いますね。
上川　一雄君ですよ。」と、言いました。
わたしは　もちろん　知って　います。
上川君は、
　天使園の　正門の　前に　すてられて　いました。
すて子は　たいてい　名前が　わかりません。
それで
　わたしたちが　名前を　つけます。
だから、
　わたしは　よく　おぼえて　います。
ルロイ修道士は　言いました。
「上川君は、
　今　市営バスの　運転手です。
天使園の　前を　通る　バスの　運転手です。
わたしが
　上川君の　バスに　のります。
すると、
　上川君は、
右の　親ゆびを　ぴんと　立てて、
　合図を　します。

上川君は、
　わたしの　くせを　からかって　いるのです。
それから、
　上川君は
　バスを　ぶんぶん　とばします。
　　わたしに　運転の　腕前を
　　　見せたいのです。
上川君は、
　天使園の　正門前に　バスを　止めます。
そこは　ていりゅうじょでは　ありません。
上川君は　いけない　運転手です。
でも、
　わたしは
　　上川君の　バスに　のった　ときが
　　　一番　楽しいです。」と　言いました。
わたしは、
「一番　かなしい　ときは……？」と　聞きました。
ルロイ修道士は、
「天使園に　いた　子が、
　自分の　子どもを
　　そだてる　ことが　できなく　なります。
それで、
　自分の　子どもも
　　天使園に　あずけに　来ます。
わたしは、
　それが　一番　かなしいです。」と　言いました。
ルロイ修道士は、
　時計を　見上げて、
　「汽車が　まって　います。」と　言いました。
ルロイ修道士は、
　右の　人さしゆびと　中ゆびを　からめました。
これは、
「こううんを　いのる。」

「しっかり　やりなさい。」と　いう　いみです。

わたしは、

「ルロイ先生、

しぬのは　こわいですか。

わたしは　とても　こわいです。」と、

上野駅の　かいさつ口で　聞きました。

ルロイ修道士は、

「天国へ　行くのです。

こわく　ないですよ。」と　言いました。

わたしは、

「わかりました。」と、

右の　親ゆびを　立てました。

それから、

わたしは

ルロイ修道士の　手を　にぎって、

はげしく　ふりました。

ルロイ修道士は、

「いたいですよ。」と

顔を　しかめました。

ルロイ修道士は、

仙台の　修道院で　しにました。

上野公園の　はざくらが、　おわる　ころでした。

ルロイ修道士の　身体中に

わるい　しゅようが　できて　いました。

わたしは、

そうしきで　それを　聞きました。

わたしは、

思わず　両手の　人さしゆびを　交差して、　うちつけて　いました。

先生方へ

回想（「わたし」が天使園にいた頃）部分の前後は一行空けています。

【国語の目標】

① 回想の部分を線で囲む。
② ルロイ修道士の人物像にふれる。
③ レストランでの握手と、園長室での握手との違いを知る。

【日本語の目標】

①「〜ては　いけない」の表現にふれる。
「はたらいては　いけません／うたがっては　いけない／そんな　言い方を　しては　いけません」
② 比喩の表現にふれる。
「かたい　いたの　ようでした／総理大臣の　ようです／ゆいごん　みたい」
③ 受身の表現にふれる。
「ぶたれました／ぶたれても　しかたない／すてられて」
④「〜（し）て、〜する」の表現にふれる。
「と言って、右の　親ゆびを　立てました／親ゆびを　ぴんと　立てて、合図を　します／手を　にぎって、はげしく　ふりました」など
⑤ 擬音語・擬態語にふれる。
「ギチギチと（鳴りません）／ぴんと（のびて　います）／ぶんぶん（とばします）」など

【国語の授業用語】

「作者／現在と回想／場面／登場人物」

リライト2 中学3年

握手（あくしゅ）（小説）

上野公園（うえのこうえん）の　西洋料理店（せいようりょうりてん）に
ルロイ修道士（しゅうどうし）は
時間通（じかんどお）りに　やって来（き）た。

桜の花は　もう　散って、
　まだ　葉桜には　なっていない。
動物園も　休みで、
　店には　客が　少し　いるだけだ。
わたしは
　椅子から　立って　手を　振った。
ルロイ修道士は
「呼び出して　すみません。」と　言った。
ルロイ修道士は
　第二次世界大戦直前の
　　昭和十五年（1940）の春から、
　　　ずっと　日本に　住んでいる。

だから、
　日本語は　とても　上手だ。
ルロイ修道士は
「今度　カナダに　帰ります。
　畑仕事を　して
　　のんびり　暮らします。
あなたにも
　　さよならを　言いたくて
　　　会いに　きました。
しばらくでした。」と　言った。
ルロイ修道士は
　大きな手を　差し出した。
その手を　見て、
　わたしは　顔を　しかめた。
「天使の十戒」を　思い出したからだ。

わたしは
　中学三年の　秋から
　　高校を　卒業するまで
　　　光ヶ丘天使園で　暮らした。
光ヶ丘天使園は　児童養護施設だ。

ルロイ修道士が　園長だった。
「天使の十戒」は、
　光ヶ丘天使園の子供が　考えた
　「べからず（しては　いけない　こと）集」だ。
「朝から　弁当を　食べるべからず
（見つかると　次の日の　弁当は　もらえないから）。」
「食事は　静かに　食うべからず
（ルロイ先生は
　にぎやかに　食事をする子供が　好きだから）。」
「洗濯場の手伝いは　断るべからず
（洗濯場主任のマイケル先生が
　バター付きパンを　くれるよ）。」などだ。
その他に
「ルロイ先生と　握手を　するべからず
（二、三日　鉛筆を　握れなくなるよ）。」も　あった。

わたしは　それを　思い出して、
　顔を　しかめたのだ。

さらに
　わたしは
　天使園に入ったときの　光景も
　　思い出した。

わたしは　荷物を　持って、
　園長室に　入った。
ルロイ修道士は　握手し、
「ただいまから　ここが　あなたの家です。
もう、なんの心配も　いりませんよ。」と　言った。
ルロイ修道士の握力は　とても　強い。
しかも、
　ルロイ修道士は
　腕を　勢いよく　上下させる。

わたしは　机の上の本に　肘を　ぶつけて、
腕が　しびれた。

しかし、
今日の　ルロイ修道士は、
病人の手を　握るように
そっと握手した。

やがて、
注文した　プレーンオムレツが　きた。
ルロイ修道士は
「おいしそうですね。」と　言って、
てのひらを　擦り合わせる。
今日　彼の　てのひらは、
ギチギチと鳴らない。
あの頃は　よく鳴ったのに。

あの頃、
ルロイ修道士は　園長だったが、
園長室には　ほとんど　いなかった。
いつも　裏の畑や　鶏小屋で
子供たちの食料を　作っていた。
そのために、
彼の手は　いつも　汚れていて、
板を　張ったように　固かった。
だから、
てのひらを　擦り合わせると
ギチギチと　鳴っていたのだ。

わたしは
「ルロイ先生の　左の人さし指は
不思議な　かっこうですね。」と　言った。
ルロイ修道士の　左の人さし指は
ぴんと　伸びている。

爪は潰れていて、鼻くそを丸めたようなものがついている。ふつうの爪はもう生えてこないのだ。

わたしが天使園にいた頃、ルロイ修道士の爪について、こんなうわさがあった。

戦争が始まって、ルロイ修道士たちは、最後の交換船でカナダに帰ることになった。

しかし、日本は交換船を中止した。

それで、ルロイ修道士たちは丹沢の山の中に連れていかれた。

戦争が終わるまで、そこで荒れ地を耕し、みかんやお茶を作っていた。

カトリック信者は日曜日に労働をしてはいけない。

だから、ルロイ修道士は監督官に「日曜日は休みがほしい。」「他の曜日にみんなの分も働く。」と、代表して申し入れた。

監督官は「大日本帝国には土曜日も日曜日もない。」と叱った。

そして、
見せしめに
ルロイ修道士の　左の人さし指を
木づちで　たたき潰した。

だから　気をつけろ。
ルロイ先生は　いい人だが、
心の中では　日本人を　憎んでいる。
いつかは　爆発するぞ。……
しかし、
ルロイ先生は　いつも　優しかった。
日本人の子供の　ために、
泥だらけに　なって　野菜を　作り、
鶏を　育てている。
「ここの子供を　育てて、
アメリカのサーカスに　売る。
だから、
とても　親切なんだ。」という
うわさも　立った。

しかし、
ルロイ先生は、
わたしたちが　野菜を　食べるのを
本当に　うれしそうに　見ている。
だから、
「ルロイ先生を　疑ったら　罰が当たる。」と、
みんなが　思い始めた。
それで、
うわさは　すぐに　消えた。

「日本人は　先生に
ずいぶん　ひどいことを　しましたね。
交換船の中止も
国際法　無視です。

それに、
　木づちで　指も　たたき潰しました。
もう　なんて　言って　いいか。
申し訳ありません。」と、
　　わたしは　言った。
ルロイ修道士は
　右の人さし指を　ぴんと　立てた。
「こら。」とか、
「よく　聞きなさい。」という　意味だ。
「総理大臣のようなことを
　言っては　いけませんよ。
日本人を　代表して
　ものを　言ったりするのは
　　傲慢です。

それに、
　日本人とか
　カナダ人とか
アメリカ人といった　ようなものが　あると
　　信じては　なりません。
一人一人の　人間が　いる、
　それだけの　ことですから。」
「わかりました。」と、
　わたしは　右の親指を　ぴんと　立てた。
これも　ルロイ修道士の癖だ。
「わかった。」
「よし。」
「最高だ。」という　意味だ。
「おいしいですね、
　このオムレツは。」と、
　ルロイ修道士も　右の親指を　立てた。
わたしは　心の中で　首を　かしげた。

ルロイ修道士は
　おいしいと　言うけれど
　　あまり　食べていない。
ナイフと　フォークを　動かしているだけだ。
「それよりも、
　わたしは　あなたを　ぶったりは　しませんでしたか。
あなたに　ひどい　仕打ちを　しませんでしたか。
もし、していたなら、謝りたい。」
「一度だけ、ぶたれました。」
両手の人さし指を　交差させ、
　打ちつけている　ルロイ修道士の姿が
　　頭に　浮かぶ。

これは　危険信号だった。
「おまえは　悪い子だ。」という　意味だ。
そして　次には、
　きっと　平手打ちが　飛ぶ。
ルロイ修道士の平手打ちは　痛かった。
「やはり　ぶちましたか。」
ルロイ修道士は
　悲しそうな　表情で　ナプキンを　折り畳む。
「でも、
　わたしたちは、
　　ぶたれて　あたりまえの、
　　　ひどいことを　したんです。
高校二年の　クリスマスだったと　思います。
無断で　天使園を　抜け出して
　東京へ　行ってしまったのです。」

翌朝、わたしたちは　上野へ　着いた。
有楽町や　浅草で
　映画と　実演を　見た。
夜行列車で　仙台に　帰った。

そして、
わたしたちは
ルロイ修道士の平手打ちを　受けた。
実は、園長室の壁に
「あさっての朝、必ず　戻ります。
心配しないでください。
捜さないでください。」という
書き置きを　貼りつけて　おいたのだが。

「ルロイ先生は　一月間、
わたしたちに　口を　きいてくれませんでした。
平手打ちより　こっちの　ほうが　つらかったです。」
「そんなことも　ありましたねえ。
あのときの　東京見物の費用は　どうしましたか。」
「それは　あのとき　白状しました……。」
「わたしは　忘れました。
もう一度　教えてくれませんか。」
「準備に　三か月　かかりました。
先生から　いただいた
純毛の靴下や　つなぎの下着などを
駅前の闇市で　売り払いました。
鶏舎から　鶏を　五、六羽　持ち出して、
焼き鳥屋に　売ったりも　しました。」
ルロイ修道士は
両手の人さし指を　交差し、
せわしく　打ちつける。

しかし
あの頃と　違って、
顔は　笑っていた。
「先生は　どこか　お悪いのですか。
ちっとも　召しあがりませんね。」
「少し　疲れました。
仙台の　修道院で　ゆっくり　休みます。

　カナダへ　たつ頃は、
　　前のような　大食らいに　戻っていますよ。」
「だったら　いいのですが……。」
「仕事は　うまく　いっていますか。」
「まあまあです。」
「よろしい。」
ルロイ修道士は　右の親指を　立てた。
「仕事が　うまく　いかないときは、
　　この言葉を　思い出してください。
『困難は　分割せよ。』
あせっては　いけません。
問題を　細かく　割って、
　　一つ一つ　地道に　片づけていくのです。
ルロイの　この言葉を　忘れないでください。」
わたしは、
　冗談じゃないぞ、と思った。
これでは、
　遺言を　聞くために　会ったみたいだ。
そういえば、
　さっきの握手も　変だった。
「今日の　ルロイ修道士は、
　病人の手を　握るように
　　　　そっと握手した。」と、
　　　　　わたしは　感じた。
実は　ルロイ修道士が　病人なのだろうか。
何かの病に　かかり、
　この世の　いとまごいに、
　天使園で育った子供を　訪ねているのだろうか。
わたしは、
「先生は　重い病気に　かかっていて、
　お別れの　あいさつに　来られたのですか。」と、
　　　　　　　　　　　　　　　きこうとした。
しかし、それは　できなかった。

わたしは、
「日本で、
どんなことが　楽しかったですか。」と、
平凡な質問を　してしまった。
「それは　もう、
一人前に働いている　あなたたちを　見るときが
一番　楽しい。
何よりも　うれしい。
そうそう、
あなたは　上川君を　知っていますね。
上川　一雄君ですよ。」
もちろん　知っている。
春の朝、
上川君は、
天使園の正門の前に　捨てられていた。
捨て子は
春になると、
ぐんと　増える。
春は　天気が　いいし、
気温も　上がる。
だから、
赤ちゃんは　捨てられても
風邪を　ひかない。
母親たちの　最後の愛情だ。
捨て子の　姓名は、
たいてい　わからない。
そこで
中学生、高校生が　姓名を　つける。
だから、
わたしが　忘れることは　ないのだ。

「あの子は　今、
　市営バスの運転手を　しています。
天使園の前を通る　路線の　運転手です。
月に　一度か　二度、
　駅から　上川君のバスに　乗り合わせます。
そのときは　楽しいですよ。
まず　わたしが　乗りますと、
　　　こんな合図を　します。」
ルロイ修道士は　右の親指を　ぴんと　立てた。
「上川君は、
　わたしの癖を　からかっているんですね。
そうして、
　上川君は
　　わたしに　運転の腕前を
　　　見せたいのでしょう。
　　バスを　ぶんぶん　飛ばします。
最後に、
　バスを　天使園の正門前に　止めます。
停留所じゃないのに　止めてしまいます。
上川君は　いけない　運転手です。
けれども、
　そういうときが
　　わたしには　一番　楽しいのです。」
「一番　悲しいときは……？」
「天使園で　育った子が　結婚しますね。
子供が　生まれます。
ところが
　そのうちに
　　夫婦の間が　うまく　いかなくなる。
別居します。
離婚します。
やがて　子供を　育てることが　できなくなる。

そこで 天使園で 育った子が、
自分の子を、
また 天使園へ 預ける。
そのために、
長い坂を とぼとぼ 上って やって来る。
それが 一番 悲しいですね。
なにも、 父子二代で 天使園に 入ることは ないんです。」
ルロイ修道士は、 壁の時計を 見上げて、
「汽車が 待っていますよ。」 と 言った。
そして、
ルロイ修道士は 右の人さし指に 中指をからめて 掲げた。
これは
「幸運を 祈る」
「しっかり おやり」 という意味の 指言葉だ。
上野駅の 中央改札口の前で、 思い切って きいた。
「ルロイ先生、
死ぬのは 怖くないですか。
わたしは 怖くて しかたが ありません。」
ルロイ修道士は 少し赤くなって、 頭を かいた。
「天国へ 行くのですから
そう 怖くは ないですよ。」
「天国か。
本当に 天国が ありますか。」
「あると 信じるほうが 楽しいでしょう。」

死ねば
　何もない　寂しいところへ　行くと　思うよりも、
　　にぎやかな天国へ　行くと　思うほうが
　　　よほど　楽しい。

そのために、
　この何十年間、
　　神様を　信じてきたのです。」

わたしは、
「わかりました。」と　答える代わりに、
　　右の親指を　立てた。

それから、
　ルロイ修道士の手を　しっかりと　握った。
それでも　足りずに
　腕を　上下に　激しく　振った。
「痛いですよ。」
ルロイ修道士は　顔を　しかめてみせた。
上野公園の葉桜が　終わる頃、
　ルロイ修道士は
　　仙台の修道院で　なくなった。
もうすぐ　一周忌である。
ルロイ修道士が　わたしたちに　会いに来た頃、
彼の身体中は　悪い腫瘍の巣に　なっていたそうだ。
葬式で　それを　聞いたとき、
　わたしは　思わず、
　　両手の人さし指を　交差させ、
　　　せわしく　打ちつけていた。

先生方へ

回想（「わたし」が天使園にいた頃）部分の前後は一行空けています。

【国語の目標】

① 現在と回想の部分が分かる。
② ルロイ修道士の人物像を説明する。

③ 西洋料理店での握手と、園長室での握手との違いが分かる。
④ ルロイ修道士の指言葉の意味が分かる。

【日本語の目標】

① 比喩の表現を知る。
「病人の手を　握るように／板を　張ったように／鼻くそを　丸めたようなもの／総理大臣のようなことを」

② 受身の表現（れる／られる）を知る。
「連れていかれた／ぶたれました／捨てられていた」

③ 仮定の表現（もし、～なら）を知る。
「もし、していたなら」

④ 「～てくれる」表現を知る。
「口を　きいてくれません／教えてくれませんか」

⑤ 「～より（も）～（の）ほうが」表現を知る。
「平手打ちより　こっちの　ほうが／寂しいところへ　行くと　思うよりも、にぎやかな天国へ　行くと　思うほうが」

⑥ 擬音・擬態語を知る。
「ギチギチと（鳴らない）／ぴんと（伸びている）／ぐんと（増える）／ぶんぶん（飛ばします）／とぼとぼ（上って）」など

【国語の授業用語】

「作者／現在・回想／場面／登場人物／人物像」

あとがき

初版の出版から改訂版を経て十七年が過ぎました。初版出版に際しては、リライト教材がどのように子どもたちの役に立つのか、不安でした。そんな中、外国人児童生徒だけではなく、特別支援の必要な児童生徒にも使えるとの声をいただき、安堵しました。

特別支援の授業を参観させていただきました。子どもたちの表情は明るく、分かる楽しさで生き生きとしていました。「リライト大好き」と言ってくれる子どももいました。本当に嬉しく思いました。

リライト教材の作成方法を参考にして自作された先生方も多く、「作成過程が、すごく教材研究になった」と言われました。何を子どもに学ばせたらいいかをしっかり考えることで、子どもに役立つリライト教材が作成できたとのことでした。「リライト教材・音読譜」の作成は、使用する子どものためであると同時に、使用する先生の指導目標を明確にする過程でもあります。

私は近年、リライト教材を通常の学級で使用するために「教科書と共に使えるリライト教材」とはどう作ればいいかを模索しています。[*1] 今学校では、先生方は様々な指導の工夫をされ、学力保障をしようと懸命に努力されています。しかし、学年が上がるにしたがって国語が嫌いな子どもが増えていることも否めません。まずは教材の内容が理解できなければ、次の学習課題に進むことができません。リライト教材は教材の内容を「知る」ことから始まり、「分かる」、「内容をイメージできる」という段階へと子どもたちを導いてくれます。そのため、どの子どもも学習課題に取り組む準備ができるのです。

今の学校では、学習の理解が早い子どもは、学びの土俵に上がれています。しかし、それ以外の子どもたちは、先生方のご尽力にもかかわらず、依然として取り残されていると感じています。将来の日本を、世界を担う大切な子どもたちみんなが「学び合える土俵に上がって、共に考え、自分の言葉で意見を表明し、お互いを認め合って」成長してほしいと願っています。

教科書は授業の柱になっています。それを支えるのがリライト教材です。ここに「教科書と共に使えるリライト教材」の教育的意味があります。

リライト教材は、次のような学習活動で、子どもたちの役に立つと思っています。

① 二〇一四年度より実施の「特別の教育課程」（日本語指導が必要な児童生徒のための課程）において、在籍学級の国語学習に日本語で参加できる力をつけるために。

② 二〇二〇年度改訂の新学習指導要領では、「アクティブ・ラーニング」（ＡＬ）が推進されている。これは、子どもたちが学習課題に能動的に参加する学習活動である。参加を可能にするには、まず自分なりの教材内容の理解をもとに自らの考えをもつ必要がある。ＡＬ活動に自分の考えをもってアクティブに参加するために。

また、二〇一五年四月には、任意団体「きらりん（リライト教材による活動）」[*2]を立ちあげました。現在、特別支援学級や通常の学級で国語の苦手な子どもが親（保護者）と共に参加しています。子どもの特性を最も理解している親（保護者）が、リライト教材を使って、わが子と国語の学習に取り組みます。支援者は、親子で取り組めるリライト教材や課題を準備します。教科書とリライト教材とを併用し、「いっぱい考えて、いっぱい話そう」を学習目標として、「考える力と表現する力」を育てたいと思っています。

週一回の活動ですが、親子ともども楽しくのびのびと参加しています。リライト教材により理解した内容をさらに発展させています。お話や詩に発展させている子や、教科書教材「ありの行列」の説明文を読んだあと、自分の好きなトカゲについて図鑑で調べて説明文を書いたり、紙芝居にしたりしている子もいます。自分の好きなこと、得意なところを伸ばしながら、楽しく親子学習をしています。

このボランティア活動に対し、複数の団体より助成を受け[*3]、活動してきました。助成に感謝し、今後の活動を充実させていきたいと思っています。

国語の得意な子どもも苦手な子どもも、みんなが「分かる喜び・学ぶ楽しさ」を実感できるようリライト教材の研究を今後も続けていきたいと思います。

最後に、編集担当の亀山裕幸さんには、いろいろとご無理をお願いし、ご尽力いただきました。心より感謝申しあげます。

二〇二三年八月

著者　光元聰江

＊1「教科書と共に使えるリライト教材」とは、どんな要素を含む教材なのか、どう使うと有効なのかという課題にも取り組みました。詳しくは二〇一四年に日本語教育学会誌（NO.158号）に掲載された拙著（論文名は後掲）を読んでいただけると幸いです。インクルーシブな授業の実践報告ともなっています。

＊2 https://www.kiralin.net

＊3 福武教育文化活動助成金（二〇一六年）
キリン子育て応援事業助成金（二〇一七年）
橋本財団福祉助成金（二〇一八年・二〇二〇年・二〇二一年）
大同生命厚生事業団助成金（二〇二一年）
岡山県青少年財団助成金（二〇二三年）

編著者

光元　聰江（みつもと　とみえ）

元岡山大学教育学部助教授。第31回読売教育賞（国語教育部門・一九八二年）受賞。岡山大学在職中、文部科学省の科学研究費の助成を受け、外国人児童生徒の教科学習の視点から小学校国語教科書分析や高校入試問題の分析を行い、日本語の不自由な外国人児童生徒の教科学習を支援するための「リライト教材」を考案した。現在、リライト教材は公立小中学校の日本語学級、ボランティアによる教科学習支援等々で使用され、成果をあげている。特別支援学校・学級や通常の学級でもリライト教材は使用され、子どもたちの国語の学習に役立っている。また、「教科書と共に使えるリライト教材」をテーマに「通常の学級ですべての子どもの学びと育ちに役立つリライト教材・指導のあり方」を現場の先生方と共に模索している。これは、インクルーシブな授業に役立つリライト教材の開発をめざすものである。すでに通常の学級での授業も行われており、一定の成果をあげている。（日本語教育学会・元日本特殊教育学会・リライト教材研究会岡山本部　会員・きらりん（リライト教材による活動）代表）

リライト教材に関する著書等

『外国人児童・生徒を教えるためのリライト教材―国語教科書対応』（編著　光元聰江・岡本淑明）（ふくろう出版）

『「あいうえお」を覚えた子どもがよむリライト教材　ひとりでよめる　はじめての名作』（監修　光元聰江・岡本淑明）（双葉社）

「特集　リライト教材を作ろう」『月刊　実践障害児教育』（学研　二〇〇八年六月号掲載）

リライト教材に関する主な論文

「子どもの成長を支援する日本語教育―日本語と国語との連関指導を通して―」『岡山大学教育学部研究集録』（光元聰江著）（二〇〇二年・NO.121・岡山大学教育学部）

「日本語力の異なる外国人生徒への国語指導」『岡山大学教育学部研究集録』（光元聰江・室山朱美・小林真里子著）（二〇〇三年・NO.122・岡山大学教育学部）

「外国人児童のためのリライト教材・音読譜による国語科の

指導」『岡山大学教育学部研究集録』（光元聰江・岡本淑明・湯川順子著）（二〇〇六年・NO.131・岡山大学教育学部）

「JSLの子どもが在籍学級の学習活動に積極的に参加するための工夫―リライト教材を用いた『日本語による学ぶ力』の育成―」『日本語教育』（松田文子・光元聰江・湯川順子著）（二〇〇九年・NO.142号・日本語教育学会）

「取り出し授業と在籍学級の授業とを結ぶ『教科書と共に使えるリライト教材』」『日本語教育』（光元聰江著）（二〇一四年・NO.158号・日本語教育学会）

岡本　淑明（おかもと　よしあき）

元吉備国際大学非常勤講師。元小・中学校国語教諭。日本語音声の視覚的表現に興味を持ち、近年、「音読譜」による指導を行う。朗読・音声訳・司会などの経験あり。（日本語教育学会・リライト教材研究会岡山本部　会員）

リライト教材を活用した「きらりん」での実践報告

「特集No.3　リライト教材による親子学習―地域でのボランティア実践活動」『言語教育実践　イマ×ココ』（光元聰江著）（二〇一九年・No.7・ココ出版）

著　者

石川加奈子
〔静岡雙葉中学校・高等学校教諭・リライト教材研究会岡山本部会員〕

阿部喜恵子
〔元大宮市立小学校教諭・リライト教材研究会岡山本部会員・きらりんスタッフ*〕

栗井　佳江
〔元岡山市立中学校国語教諭・リライト教材研究会岡山本部会員〕

岡本　拓雄
〔元岡山市立小学校教諭・リライト教材研究会岡山本部会員〕

湯川　順子
〔岡山市立小学校講師・リライト教材研究会岡山本部会員〕

川崎　弘枝
〔元コピーライター・リライト教材研究会岡山本部会員〕

岩中　直美
〔元岡山市立小学校教諭・きらりんスタッフ〕

大原　有紀
〔日本語教育講師・きらりんスタッフ〕

＊「きらりん」（二〇一五年四月設立）とは、任意団体きらりん（リライト教材による活動）のこと。

掲載教科書および作者名

光村図書　令和６年度版　小学校国語科教科書掲載教材　（敬称略）

掲載教科書	教材名	作者
国　1下　ともだち	たぬきの糸車	岸　なみ
国　2上　たんぽぽ	たんぽぽのちえ	植村　利夫
	スイミー	レオ・レオニ（作）[*1]／谷川俊太郎（訳）
国　2下　赤とんぼ	お手紙	アーノルド・ローベル（作）[*2]／三木　卓（訳）
国　3下　あおぞら	三年とうげ	李　錦玉
	ありの行列	大滝　哲也
	モチモチの木	斎藤　隆介
国　4上　かがやき	アップとルーズで伝える	中谷　日出
	一つの花	今西　祐行
国　4下　はばたき	ごんぎつね	新美　南吉
国　5　銀河	竹取物語	作者不詳
	枕草子	清少納言
	平家物語	作者不詳
	論語	孔　子
	想像力のスイッチを入れよう	下村　健一
	大造じいさんとガン	椋　鳩十
国　6　創造	やまなし	宮沢　賢治
	『鳥獣戯画』を読む	高畑　勲
	海の命	立松　和平
	平和のとりでを築く	大牟田　稔

＊1　Entire Text from SWIMMY by Leo Lionni, copyright (c) 1963, renewed 1991 by NORAELEO Arranged through Japan UNI Agency, Inc., Tokyo

＊2　TEXT COPYRIGHT (c) 1970 ARNOLD LOBEL Used by permission of HarperCollins Publishers through Japan UNI Agency, Inc., Tokyo

光村図書　令和６年度版　中学校国語科教科書掲載教材　（敬称略）

掲載教科書	教材名	作者
国　1	少年の日の思い出	ヘルマン・ヘッセ（作）[*3]／高橋　健二（訳）
国　2	君は「最後の晩餐」を知っているか	布施　英利
	「最後の晩餐」の新しさ	藤原えりみ
	言葉の力	大岡　信
国　3	握手	井上ひさし

＊3　著作権消滅

※　掲載にあたり、作者・許諾者各位より使用許諾をいただきました。記してお礼申しあげます。

※　スイミー（物語・小学２年）は東京書籍・学校図書・教育出版の教科書にも取り上げられています。
※　お手紙（物語・小学２年）は東京書籍・学校図書・教育出版の教科書にも取り上げられています。
※　モチモチの木（物語・小学３年）は東京書籍・学校図書・教育出版の教科書にも取り上げられています。
※　一つの花（物語・小学４年）は東京書籍・教育出版の教科書にも取り上げられています。
※　ごんぎつね（物語・小学４年）は東京書籍・学校図書・教育出版の教科書にも取り上げられています。
※　大造じいさんとガン（物語・小学５年）は東京書籍・学校図書・教育出版の教科書にも取り上げられています。
※　古典　竹取物語（小学５年）は東京書籍・教育出版の教科書にも取り上げられています（冒頭部分のみ）。
※　古典　平家物語（小学５年）は東京書籍・教育出版の教科書にも取り上げられています（冒頭部分のみ）。
※　海の命（物語・小学６年）は東京書籍の教科書にも取り上げられています。
※　少年の日の思い出（小説・中学１年）は東京書籍・教育出版・三省堂の教科書にも取り上げられています。
※　握手（小説・中学３年）は三省堂の教科書にも取り上げられています。

外国人・特別支援
児童生徒を教えるための
リライト教材　改訂3版増補版

2006年 3 月20日　初版発行
2012年 4 月30日　改訂版発行
2016年 9 月10日　改訂2版発行
2023年 11月10日　改訂3版増補版発行

編著者　光元　聰江
　　　　岡本　淑明

発　行　ふくろう出版
〒700-0035 岡山市北区高柳西町 1-23
友野印刷ビル
TEL：086-255-2181
FAX：086-255-6324
http://www.296.jp
e-mail：info@296.jp
振替　01310-8-95147

印刷・製本　友野印刷株式会社
ISBN978-4-86186-887-0 C3081

装丁：原茂　美希